有田式"発問・板書"が身につく！
社会科指導案の書き方入門

沼澤清一 著

学芸みらい社

まえがき

　授業は，指導書をもとに指導案を作成して，教科書に書いてあることをいかにうまく伝えるか。分かりやすく教えるか。
　最初はそこからスタートします。
　教えるべき内容を，時間内にしっかりと。分かりやすく。

　昭和・平成を代表する授業の名人有田和正先生の「授業のネタ」は，そうした基本的な授業づくり・授業観から，「はてな？」をもとにした授業の楽しさへと子どもたちと私たち教師を導いてくれました。
　有田先生の「授業のネタ」は，意表を突く視点からのものが多くありますが，「はてな？」を追究していくうちに，最終的には，教科書内容をも理解してしまうという学びの本筋をついたものとなっています。
　「平安美人が語る衣食住」がその典型です。
　平安美人の条件を考えると，平安時代の貴族の生活・衣食住が関連しながら捉えられるようになっています。授業は笑いの中で進みますが，子どもの思考は広がり，平安時代の全体像を捉えていくことになります。教科書を読んで，重要事項を覚えるという機械的な授業にはなりません。物事の関連性を捉えさせ，いえ，その関連性にこそ意味があることを多面的な「はてな？」から気づかせ，そして，学ばせます。断片的な一面からの理解，その量を重要視しません。転移できる学ぶ力こそを求めています。
　「知識の習得」から「知識の活用へ」，「正解のない『問い』の意義」。2020年以降の文科省の目指す教育改革ですが，これこそ，有田和正先生が求めてこられたものだと私は考えています。

　平安美人の授業は，自分の担任する学級だけでなく，飛び込みで何度も行ってきました。いつも，爆笑しながら，子どもたちの理解を図ることができたと思っています。そして，その度に有田実践の奥深さを実感することになりました。
　「はてな？」をもとにした授業は，子どもたちの「知」にしっかり根付き

ます。「社会科は暗記教科だから嫌い」という社会科嫌いを「面白くて，いつの間にか覚えちゃった」という社会科好きに換えてくれるすてきなネタです。

　「浮魚と底魚」は，教室で魚の実物を使っての授業です。子どもに与えるインパクトは抜群のものがあります。こうした導入で始まる水産業の授業は，子どものワクワク観を生みます。学ぶ意欲を高めます。

　有田先生の実物・本物へのこだわりは，「沖縄のさとうきびは，どうして曲がっているの？」にも良く表れています。1本のさとうきびで沖縄の気候が捉えられるなどと，どこからこうした視点が生まれてくるのか，私などにはナゾの世界です。30年ほど前に沖縄直送のさとうきびを使って行った有田実践の追試授業での教室中の活気，子どもの驚きの表情は，今でも鮮明に残っています。

　本書は，たくさんの有田実践の中から，30選となっています。それぞれいくつかの「ネタ」を繋げての授業構成となっています。指導案の所要時間を表記しましたが，話し合いを中心とするか，クイズ形式にして進めるか，授業の進め方で大きく違ってくることと思います。子どもたちのつぼにはまったところで十分な時間をとって学ぶ楽しさを実感させられればと思います。

　有田先生のご著書は，膨大な数になっています。

　他にもたくさんのすてきなネタがあります。

　また，問いを残して授業を終える有田先生の授業構成「授業のオープンエンド化」を取り入れると，ネタの使い方も変わってきます。

　引用した書名を入れてありますので，是非，有田先生の書かれた本をお読みください。そこには，社会科に限らず，生活科，総合，学級経営など有田ワールドとの出会いが待っています。

　有田実践に触れ，子どもと共に授業の楽しさを実感され，有田実践を後世に伝えてくださることに繋がれば，作者としてこの上ない喜びです。有田和正先生も天国から見守られていることと思います。

沼澤　清一

もくじ

まえがき

I　5年　有田式で書く社会科指導案

1 世界の中の国土
　洗濯干しから地球を捉える……………………………8
　　●カギは緯度・乾燥

2 高い土地のくらし
　富士登山させる苺の秘密………………………………14
　　●高地の気候を利用して

3 国土の気候の特色
　日本（北陸）はなぜ世界一の雪国なのか………………18
　　●世界一から捉える地球の気候

4 国土の気候の特色
　富士山の見える日………………………………………22
　　●国土の気候の特色・風土を表す

5 国土の気候の特色
　桜前線からわかる日本列島の特徴……………………26
　　●ぐにゃぐにゃ曲がっているのはなぜ？

6 あたたかい土地のくらし
　沖縄のさとうきびは，どうして曲がっているの？……30
　　●1本のさとうきびが示す沖縄の気候

7 寒い土地のくらし
　　国土の半分は豪雪地帯って，本当？ ……………… 36
　　　　●意外な事実
8 水産業のさかんな地域
　　浮魚と底魚──海の中の魚のヒミツ ……………… 40
　　　　●実物で水産業の導入を

II　6年　有田式で書く社会科指導案

9 縄文時代
　　世界最古の土器普及国 …………………………… 44
　　　　●食生活の革命ともいえる大事件
10 縄文時代
　　縄文人はハッピーライフ？ ……………………… 48
　　　　●資料から導き出す歴史観
11 安土桃山時代
　　胡椒が世界をつなげた？ ………………………… 54
　　　　●「胡」のつくモノは海外ブランド？
12 古墳時代（大和朝廷）
　　「朝廷」の「朝」が示すこと ……………………… 58
　　　　●朝廷・昼廷・夕廷・晩廷？
13 飛鳥時代
　　聖徳太子ってどんなことをした人？ …………… 60
　　　　●文化・政治のしくみの輸入

14 　大和時代
　　歴史の中に隠れている公害 …………………………… 67
　　　　●大仏＆遷都から覗く

15 　平安時代
　　平安美人が語る衣食住 ………………………………… 72
　　　　●美人の3条件から

16 　鎌倉時代
　　元寇　日本が勝った本当の理由 ……………………… 78
　　　　●元軍は攻める前から負けていた

17 　安土・桃山時代
　　織田軍が勝ったナゾを追え …………………………… 84
　　　　●合戦にもルールがあった

18 　安土・桃山時代
　　この田は，上田・中田・下田・下下田？ …………… 89
　　　　●1枚の絵から

19 　安土・桃山時代
　　背中の旗は何のため …………………………………… 94
　　　　●邪魔だけど，大切なもの

20 　安土・桃山時代
　　農民の合戦アルバイト ………………………………… 97
　　　　●見物後にちゃっかり副収入

21 　安土・桃山時代
　　一寸法師のモデルは誰か？ ………………………… 100
　　　　●「知識の習得」から「知識の活用」へ

22 　安土・桃山時代
　　鉄砲・大砲の弾を竹と幕で防いだ？ ……………… 104
　　　　●本当の威力は「？」

23 江戸時代
　　大名行列を解剖してみよう！……………………106
　　　　●ネタの宝庫！
24 江戸時代
　　江戸時代の飢饉用非常食のヒミツ………………114
　　　　●ここまで食べる
25 江戸時代
　　家康の江戸の町づくり……………………………118
　　　　●知られていないこんなヒミツ
26 江戸時代
　　江戸時代の交通事故………………………………123
　　　　●車がないのに，どういうこと？
27 鎌倉＆江戸＆明治時代
　　その税はどこへ行く………………………………127
　　　　●農民からの年貢米
28 明治時代
　　県名と県庁所在地名が違うのは…………………132
　　　　●明治政府のいじわる？
29 明治時代
　　日露戦争の勝者は野菜が決めた？………………136
　　　　●「豆もやし」を知っていたら……
30 明治〜昭和時代
　　第二次大戦中のふしぎ話…………………………139
　　　　●天気予報と「POST」から見えてくること

あとがき

1

|カギは緯度・乾燥| 5年単元：世界の中の国土 |所要時間45分|

洗濯干しから地球を捉える

【板書】

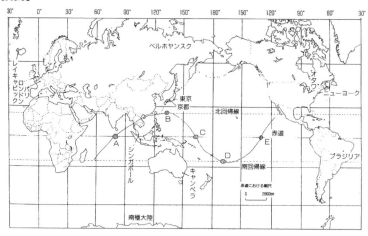

【ネタ　洗濯物を干す場所で地球を捉える】

「洗濯物を東西南北のどちら側に干すか」

①南側に干すという実体験から北半球にある日本の位置を捉えさせます。

②南半球にあるオーストラリアのキャンベラは，太陽の通り道から北側に干すことに気づかせます。

③赤道直下のシンガポールに触れる中で，北回帰線～（赤道）～南回帰線の間の国々の１年間の干す場所の位置の変化に気づかせます。

④ロンドン，オタワ，ニューヨーク，ブラジリアについて確認することによって，理解の定着を図ります（確かに理解したことを確認してから次に引っ繰り返す有田術です）。

⑤フランスのパリ，ドイツのベルリン，スイスのジュネーブについては，その乾かし方を日にあてるのではなく，乾燥した気候から捉えさせます。

⑥最後は，極寒の地へと視点を広げさせます。乾燥ではなく，水を凍ら

【黄道】「赤道があるならば？」と問いかけたとき，「黄道や白道，緑道もあるかもしれない」と国語辞典を手にする子を見つけてほめます。本授業は，太陽の見かけ上の通り道である黄道を捉えて考えていくことになります。

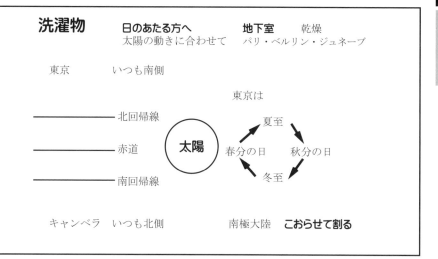

せて氷を落とすという乾かし方（？）には驚かされます。
　こうした一連の流れで，知識を螺旋状に絡めて，つながりをもたせ，ときには引っ繰り返しながら深めていきます。

Point

日本から見て太陽が，
　　北回帰線上にあるときが太陽高度が高くＢ「夏至」
　　赤道上にあるときがＡ「春分の日」Ｃ「秋分の日」
　　南回帰線上にあるときが太陽高度が一番低くＤ「冬至」
　理科の学習内容と絡んできますが，一度きちんと理解させると応用の利く内容です。

【指導案】 所要時間：45分間

学習活動	主な発問（○）予想される児童の反応（・）	指導上の留意点
1．洗濯物を干す方向	○お手伝いで洗濯物を干したことがある人はいますか。 ・いつもお母さんが干しています。	
	洗濯物は，「東西南北」どちら側に干しますか。	
	・庭の日あたりがいいところ。 ・南側です。	
2．南半球から捉える		
	では，日本と反対側のオーストラリアのキャンベラでは，「東西南北」どちら側に洗濯物を干すでしょうか。	
	・南側です。 ・あれ？ ○キャンベラはどこにありますか？ ・南半球 ・太陽は北側を通る。 ・北側に干すのかな？	世界地図を提示する。
3．太陽の動き		
	「春夏秋冬」太陽は，どこを通りますか。	
	・赤道の上 ・いつも同じだと季節がなくなるよ。 ・高度が変わると理科で習いました。	世界地図に，北回帰線と南回帰線を記述し，ABCDを記述する。
	太陽は，北回帰線と南回帰線の間をA→B→C→Dというように動きます。すると日本では，北側から太陽があたることは，全くないわけです。逆に，キャンベラは，いつも北側から太陽があたります。ですから，キャンベラでは，「1年中，北側に洗濯物を干す」のです。	
4．赤道直下から捉える		
	では，赤道直下の熱帯にあるシンガポールでは，洗濯物をどちら側に干すでしょう。	

・真上かな。
・暖かいから家の中でも乾く。
○熱帯でも土地の高いところは気温が低いから，日あたりを考えて干さないと乾かないでしょう。

　Bに太陽があるときは，日本にとって太陽の高度が一番高くなるので「夏至」です。6月20日頃です。つまり，日本は夏です。
　逆にDに太陽があるときは，日本にとって太陽の高度が一番低くなるので「冬至」です。12月20日頃です。日本は冬です。
　A赤道上ですが，ここに太陽があるとき，日本は「春分の日」です。
　C同じように赤道上ですが，ここに太陽があるとき，日本は「秋分の日」です。

○さて，シンガポールには，どのように日があたるでしょうか。Aのときは？
・真上からあたります。
○AからBへ移動すると？
・北側からあたります。
○日本の夏至の頃は，シンガポールから見ると太陽高度が一番低い位置になります。BからCへ移動すると？
・段々真上からあたるようになります。
○Cへくると，真上から日があたり，CからDへ行くと，今度は「南側」から日があたることになります。

　シンガポールは，日本が夏の間は「北側」に洗濯物を干し，日本が冬の間は「南側」に干すのです。つまり，家の「北」と「南」に2つの洗濯物干しが必要なのです。

5．確認

では，ロンドンでは，洗濯物をどちら側に干すでしょう。

・南側です。
○そうです。北回帰線より北ですから南側ですね。

オタワ，ニューヨーク，ブラジリアは，どうでしょうか。

・オタワ，ニューヨークは1年中南側です。

		・ブラジリアは，ほとんど北側です。でも，ちょっとの間だけ南側です。
6．気候から捉える		
	では，フランスのパリ，ドイツのベルリン，スイスのジュネーブなどでは，どちら側に干すでしょうか。	
		・南側です。 ・北回帰線より北だから。 ○これらの都市では，外に洗濯物を干してはいけないことになっています。 　では，どこに干しているのでしょうか。 ・ストーブで乾かす。 ・でも，夏はどうするの？　ストーブ？ ○これらの都市では，「地下室」に洗濯物を干すのです。それで十分に乾くのです。どうして？ ・空気が乾燥しているから，乾きやすい。 ○そうです。日本でそんなことをしたらカビだらけになってしまいますね。
7．極寒の地では		○最後に，世界で最も寒い「南極大陸」や，北極近くのベルホヤンスクなどでは，冬にマイナス40〜60度になります。
	こんな寒いところでは，東西南北どちら側に干すでしょう。	
		・家の中の乾燥機で。 ・家の中のストーブ。 ・夏もストーブを使っているだろうから。 ・干しても凍るだけ。 ○実は世界で一番洗濯物がよく乾くのです。世界で一番速く洗濯物が乾くのです。 ・乾燥機よりもですか。 ○乾燥機など勝負になりません。圧倒的な速さです。
		洗濯した物を，しぼらないでそのまま零下40〜60度の外に出すのです。手で持ってたら大変ですよ。外に出すと，出したとたんに「パリッ」という音がして，せんたく物が一瞬のうちに凍ってしまうのです。それを，かなづちか何かでコツン，コツンとたた

| | くと氷がおちてしまい，乾いた洗濯物が残るのです。1分もかからないで，乾くのです。 |

＊有田和正著『「追究の鬼」を育てるシリーズ④ 授業に使える「面白小話集」』（明治図書）「せんたく物はどこに干すか」をもとに，沼澤が指導案形式に書き直しました。

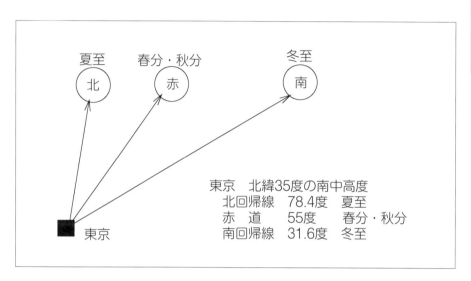

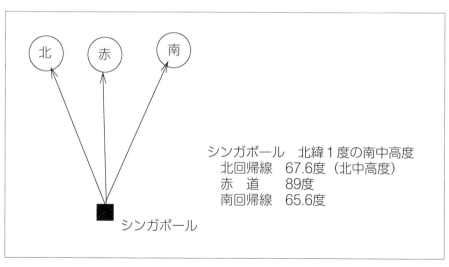

2 富士登山させる苺の秘密

高地の気候を利用して　　5年単元：高い土地のくらし　　所要時間45分

【ネタ　地形を利用してだます！】

> 苺が富士登山するって本当？

　富士山の高地の気候を利用して低温処理を行うことを「富士登山」になぞるあたりが有田先生独特のユーモアです。
（有田和正著『授業に使える「面白小話集」』,『社会科授業に使える面白クイズ』明治図書,
　　　　　　　　　　　　　　　　『授業のネタ社会3　高学年』日本書籍）

【授業の位置づけ】

　「高い土地のくらし」では，レタスやキャベツ等，その土地の気候にあった作物をつくる学習をします。その最後に，わざわざ高地に運んで低温処理をする久能山の石垣苺の学習を行い，気温差で苺をだまして早く花芽をつけさせたり，太陽光の角度を利用したりして作物を生産する農家の人々の工夫を捉えさせます。

【指導案】　所要時間：45分間

学習活動	主な発問（○）予想される児童の反応（・）	指導上の留意点
1．苺の生産地		
	苺の生産№1の都道府県はどこでしょうか。	
	・暖かいところのような気がする。 ・とちおとめって，どこ？ ・栃木県じゃないの？ ・だから，とちおとめか。 ・福岡県。 ○昭和43年から48年連続日本一が栃木県です（平成27年現在）。 【資料】平成27年現在，作付面積は593tで15年連続，産出額は259億円で20年連続日本一です。	資料①提示

2．旬はいつか

| 苺の旬は，いつ頃でしょう。 |

- クリスマスあたり。
- いつでもあるように思う。
- ハウスなので，いつでも食べているような気がする。
- 苺ケーキは，いつでもあるようだけど。

○苺は，もともとは5月末から6月頃が旬でした。今はハウス栽培によって大きく変わってきました。3月がもっとも出荷されています。

3．ハウス栽培の秘密

| 苺の最盛期は3月です。さて，さて，「はてな？」はありませんか。 |

・昔の6月の頃も，ハウスだったのですか。 ○露地栽培でした。現在の一般的な家庭菜園での露地栽培では，10月頃に苗を植え，開花・受粉が4月，5月に収穫となります。 ・ハウスは，暖かくして時期をずらすだけだから何も変わらないと思う。 ○花が咲いてから1月くらいで出荷されます。 ・2月頃に花が咲くのかあ。どんな花かな。 ・苺は，朝顔みたいに自家受粉ですか。 ・そうなんじゃないの。だって，2月だよ。 　・花粉をだれがつけるの？ ・農家の人が大変だ。	「露地栽培」を調べ出す子どもをほめ，広げる。

| ビニールハウスで栽培される苺は，300坪あたり約2万個の実をつけます。教室くらいの広さでいうと，約1300個の実をつけます。 |

・1つ1つ手で花粉をつけていくの。 ・露地栽培でも人がしているのですか。 ・そんなことはない。 ・ハチだ。	（教室の面積を64m^{2}として算出）

4．ハチの秘密

| 300坪当たり約100匹のみつばちをハウスの中に入れて，おしべの花粉をめしべにつける作業をしてもらっています。教室の広さでいうと約6.5匹ですね。 |

- どうやってみつばちを集めるのですか。
- 冬にはいないでしょう。
○専門の業者がいるのです。

	・一生懸命に蜜を集めるときに受粉してくれるのだろうけど，何だか申し訳ない。 ・ハチだって生きるためだから仕方がないよ。 ○このみつばちは，ビニールハウスの室温に慣れてしまいます。 ・仕事が終わったら，どうなるのですか。 ・外は冬で寒いから死んでしまうよ。	

約200個の苺の実に対して１匹のみつばちの生命が犠牲になっていることになります。

	・ハウスみかんも同じですか。 ・ハウスのピーマンなんかも。 ○ハウスみかんは「単為結果」といって受粉しなくても実がつくのです。その他のものはどうしているのでしょうね。 ・苺は，特別なのかな。	ぶどうのホルモン処理などの追究を導いていく。
5．苺の富士登山		

久能山の石垣苺は，夏になると富士登山するそうです。どういうことでしょうか。

	・え？ ・富士山に登らせる？ ・富士山味にさせるため？ ・大きな冷蔵庫。 ・低温処理を富士山の寒さで行うんだ。
	石垣苺は，苗を富士山の２合目あたりへ７月中旬〜８月上旬の一番暑い時期に仮植えします。富士登山させるわけです。すると涼しい気候を感じて花芽の準備が始まります。９月下旬に平地の畑に定着します。苺は，春になったと思って花を咲かせます。気温差で苺をだまして早く花芽をつけさせるのです。 ・移動するのは大変じゃないの。 ・わざわざ水かけに行かなくちゃ。
6．石垣苺の秘密	石垣栽培とは，厚さ２cm，タテ15cm，ヨコ45cmのコンクリート板の上側に15cmおきに３ヵ所鋸歯状に切り込みを作り，この板を60〜70度の傾斜に７〜８段積み，鋸歯状の切り込みにイチゴ苗を植え，栽培する方法です。昔は，コンクリートではなく石垣だったので「石垣」という名が残っているのです。

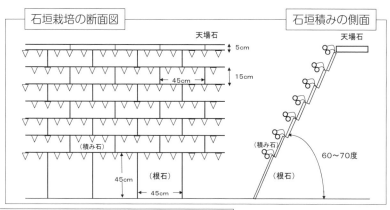

なぜ，平地の畑に植えないのでしょうか。

・きっと，60〜70度に意味がある。
○崩れにくい角度で，太陽光線を直角に受け止め，海岸線にある場合は海面からの放射熱を受けやすくなっています。
・このほうがたくさん作れる。
○10a 当りの植え付け株数は，平地で12,000〜13,000株，傾斜地で20,000〜40,000株となります。
・2〜3倍にもなる。　　・お得だ！
○さらには，苺の実に土がつかず，見た目もきれいで，衛生的です。
○コンクリート板の利用と，畑をおおっているビニールの効果で，石油などを燃やして加温しなくてもいいのです。
・いいことばっかりじゃないの。
○だから，平地でも，わざわざ60〜70度に傾けて植えているのです。

　静岡はほぼ北緯35度ですが，冬至の頃の太陽の角度がほぼ60度であることを昔から経験的にわかっていたことになります。

・みごとに直角です。
・最高の光になります。
「久能石垣苺の歴史」静岡・久能苺狩り組合 HP 参照。図は HP をもとに沼澤が作成。

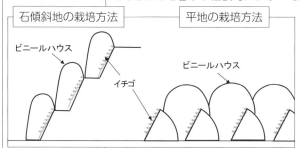

3

世界一から捉える地球の気候　　5年単元：国土の気候の特色　　所要時間45分

日本(北陸)はなぜ世界一の雪国なのか

---【ネタ　暑さ・寒さの「はてな？」】---

> 　南極と北極は，どちらが寒いでしょうか？

> 　世界一暑いところ・寒いところ，そして，世界一雪が多く降るところは？

　クイズ形式にして，楽しみながら段階を経て解明していくことができるネタです。

　　　　　　　　　（『社会科授業に使える面白クイズ2集』明治図書，「北極より南極の方が寒い」，『授業のネタ社会3　高学年』日本書籍「世界一の豪雪地帯はどこだろう？」，図1・図2は，『授業のネタ3』から）

【授業のポイント】

　「標高」「緯度」から，あたたかさ・寒さを捉えさせます。

【指導案】　所要時間：45分間

学習活動	主な発問（○）予想される児童の反応（・）	指導上の留意点
1．富士山の写真から		写真の掲示
	富士山の写真です。よく見てください。あれ？　おかしいなと思ったことはありませんか。	雪をかぶった富士山の写真 掲示します
	・紅葉しているから秋だと思うけど，もう雪がつもっている。 ・山には上のほうから雪が降るからじゃない。 ・富士山の山頂の雪はとけないよ。	

	○夏もとけないのですね。 ・万年雪だよ。 ・どうして山頂の雪はとけないの？ ・太陽に近いから，速くとけてもいいのに。		
	空気は高くなるにつれて断熱冷却という作用によって，100mにつき約0.6度ずつ気温が下がっていきます。高い山といっても地球と太陽の平均距離約１億5000万kmから考えれば，まったく問題になりません。1000m近づいたところで光の量にそんなに違いはありません。高い土地ほど風が強く，低地より高地のほうが夜間の温度が低くなります。富士山の高さを3700mと考えると？ ・3700÷100で37　37×0.6で，ええ？ ○吉田ロルートでの１合目は標高約1500m，そこから５合目約2300mまで登ると差が800mだから， ・0.6×8で4.8度気温が下がる。 ○五合目から山頂までの標高差が1400mだから， ・0.6×14で8.4度も気温が下がる。 ○１合目から山頂まで登ると， ・13.2度も下がる。 ○高くなればなるほど気温は下がるのですね。		
２．あたたかいところ		地球儀を提示する。	

　地球儀でいうと，地球の中であたたかいところはどのあたり？

	・太陽がよくあたるところ。 ・アフリカ ・赤道あたり。 ・南の方。 ・北半球から見たら南に見える。	世界地図を掲示する。 地図帳で探させ，世界地図で位置を確認する。	
	○あたたかいところは赤道付近ですね。日射量が違うからですね。 　ところが，最も暑いところとなるとちょっと違ってきます。【サハラ砂漠】では，日向の気温75度という記録があります。エジプトの【カイロ】では，夏の日中に40度くらいで，日によっては45度を超えることがあるそうです。イラクの【バグダッド】では，日中50度を超えることは珍しくなく，役所も店も午後１時から５時までは休みだそうです。		
３．寒いところ			

では，寒いところは。		
	・端のほう。 ・北と南のほう。 ・北極と南極。	
北極と南極は，どちらが寒いでしょう。		
	・どちらも同じように端だから，同じ寒さ。 ・何となく北極。北は寒い。	
北極と南極の違いは何だろう。		
	・南極は大きいよ。 ・あれ？　北極はあるけど，北極大陸はないよ。 ・南極は，南極大陸。 ・北極点はあるけど北極というところ（島）はない。	地図帳を見て確認させる。
	○南極は世界の陸地の1/10にあたる広大な大陸で，日本の面積の約37倍です。平均の厚さ2000m（最大4500m）の氷におおわれています。北極もほとんど氷におおわれていますが，氷の下は平均1200mの深い海です。南極大陸のボストーク基地で1960年8月24日に氷点下88.3度という地球上でもっとも低い気温を記録しました。	
世界でもっとも低い気温を記録したボストーク基地は，南極大陸のどういうところにあると思いますか。		
	・一番南　　・南極点　　・高いところ	
	○ボストーク基地は，標高3488mで，富士山の8合目くらいのところにあります。やはり，高いところは寒くなります。南極でも，海に近い日本の昭和基地の年平均気温は氷点下10.5度です。北極海に面したアラスカのバロー岬では，年平均気温が氷点下12.4度です。	

4．世界一の積雪量

それでは，世界一雪が多いところは次のうちどこでしょう？ ①1年中スキーができるオーストリア ②1年中雪をかぶっている高い山が多いスイス ③世界一高い8848mエベレストのふもとネパール ④北極に近い土地もあるロシア ⑤日本の日本海側の北陸地方	地図帳をもとにグループ毎に話させる。

○では，1つ選んで手を挙げてください。
(⑤を選ぶ子はほとんどいない)

○正解は，日本の北陸地方の⑤です。人の住んでいる地域としては，世界で最も多く雪の降るところです。日本海の向かい側ロシアのシベリアは，寒さはきびしいけれど積雪量は1m以下です。

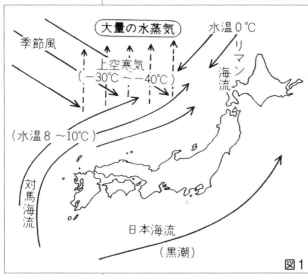

○雪には，【水分】と【それを蒸発させ，雪にする自然のしくみ】がかくされています。どんなに寒くても水分とそれを蒸発させるしくみがなければ雪にはなりません。日本の北陸地方にはそれがあるのです。

【図1】冬のシベリアから吹いてくる風は，乾燥しています。それが日本海を吹いてくるうちに水分をすってしめった風にかわります。

【図2】しめった風になるということは，海水が蒸発して水蒸気になるということです。冬の寒いときにどうして蒸発するのか。ここが問題です。これは，冬でも8～10度水温をもつ対馬海流と上空を吹く-30度～-40度の季節風との温度差が40度以上になるため，海水が水蒸気になるからです。この水蒸気をたっぷりとすいこんだ季節風が日本列島の山脈にぶつかって大量の雪を降らせるのです。

4 国土の気候の特色・風土を表す

5年単元：国土の気候の特色　　所要時間45分

富士山の見える日

―【ネタ　富士山の不思議探しから】―

> 富士山は，47都道府県のうち，いくつの県から見えますか。

　富士山がよく見える「場所」から，その「季節」へ。冬の日本海側と太平洋側の季節風の影響「降水量の違い」へと進み，さらに，各地に広がっている「〜富士」から日本を見直していきます。
　近くにある「〜富士」を探すことによって，そこに込められた人々の思いを捉えることもできます。

【授業のポイント】

　季節風の影響，雨温図による比較は，この後，多くの学習で活用できます。季節によって変わる景色でなく，見え方の違いを捉えること（風・気温・湿気等から）は，子どもの感性を育みます。
　また，こうした図表だけではなく，身近な「〜富士」を探して，その見え方の違いを経験させることができれば，季節風による「気候の違い」を実感させることができると思います。

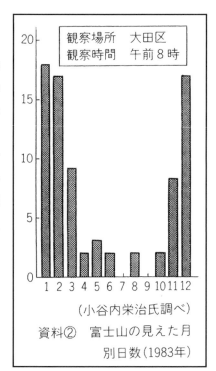

（小谷内栄治氏調べ）
資料②　富士山の見えた月別日数（1983年）

（『授業のネタ社会3　高学年』日本書籍）

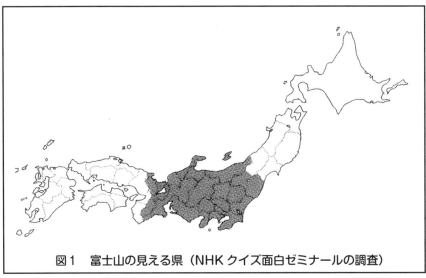

図1 富士山の見える県（NHKクイズ面白ゼミナールの調査）

（『授業のネタ社会3　高学年』日本書籍）

【指導案】　所要時間：45分間

学習活動	主な発問（○）予想される児童の反応（・）	指導上の留意点
1．富士山の写真から		写真の掲示
	富士山の写真です。富士山について知っていることをノートに書きましょう。	富士山の写真 掲示します
	・日本一の山です。 ・日本一高い山。 ・日本のシンボル。 ・休火山。 ・夏には登山客が多い。 ・世界遺産になった。 ・外国人もよく知っている。 ・美しい山。	
2．どこから見えるか		
	47都道府県のうち，富士山の見える県は何県ぐらいあるでしょう。	
	（子どもたちの予想は5～8県くらい） ○こんなに多くの県から見えるのです。 ・本当に見えるのですか？	図1を提示する。

1　5年：有田式で書く社会科指導案　23

3．どの季節が一番よく見えるか

富士山は，21もの県から見える山です。では，春夏秋冬のいつが一番よく見えるでしょうか。		
	・夏ではないと思う。 ・梅雨の季節も見えないと思う。 ・冬のような気がする。 ・冬は雲が少ないから。	ノートに予想を書かせる。できるだけ理由も書かせる。

4．どうして冬か

グラフを見て気づいたことを発表してください。		図2を提示する。
	・冬によく見えるけど，それはどうしてか。 ・逆に夏に良く見えないのはどうしてか。 ・冬の季節風が空気をきれいにしているのではないか。 ・夏も季節風が吹くから。 ・夏と冬の季節風には違いがあるんじゃない。 ・気温が低いとよく見えるんじゃないの。	季節風が富士山の見え方を変えるという意外性から，学習と生活場面を結びつける。
	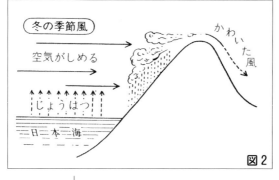 図2	教科書等の資料から見つけ出した子がいれば，それをもとにして説明する。

5．冬の降水量の比較

5．冬の降水量の比較	○冬の季節風，シベリアからの冷たい北西の風は，日本海を渡るとき暖流の対馬海流の上を通り，たくさんの水蒸気をふくみます。 　この風が日本の中央にある山脈にぶつかって，日本海側に雪を降らせます。その後，かわいた乾燥した風になって吹いてきます。

冬によく見えるのは，乾燥した冷たい季節風が空気をきれいにしてくれるからです。

○ただ冷たくても湿度が高ければ霧になってしまいます。遠くは見づらくなってしまいます。乾燥した空気であれば晴れの日が多くなり，なおさら見やすくなります。

・夏の季節風のときはどうなるのですか。

○太平洋側から吹いてくるので乾いた風は逆になります。太平洋側に降水量が多くなります。

6．各地の富士山

日本に富士山はいくつありますか。

・どこかで聞いたことがある。
・本当の名前ではなく，愛称みたいなもの。

○名称に富士の名がつく山は，静岡県のHPでは，43道府県にわたって354もあると記されています。

　鳥海山という山は，山形県と秋田県に跨がる標高2,236mの活火山ですが，山頂に雪が積もった姿が富士山にそっくりなため，出羽富士とも呼ばれています。秋田県では秋田富士，山形県では庄内富士とも呼ばれています。こうした名称で使われる「富士」が多いのかなと思ったのですが，驚くことに，354のうち，名称だけでなく本当の名前にも「富士」がつく山は91もありました。さらに驚くことには「富士山」という正式名称の山は13もありました。他に「冨士山」と書いてふじさんが1つ，とみすやまが1つ。小富士山と書いて「おふじ」が2つ，「こふじ」が11もありました。

　秋田県秋田市にある「富士山」は正式名称で，地名から明田富士と通称されています。標高は35mで，日本山岳会により「日本一低い富士山」と認定され，山頂にその旨を記した標柱があります。

　「富士」を使った山が多いところにも，富士山を愛する人々の気持ちが表れているのでしょうね。

私たちの近くにも「富士山」はあるでしょうか。

・○○にあります。
・富士山と同じように冬の乾燥した風が吹く方向だから，遠くから見えるかもしれない。

【注：沼澤】「富士山の見える日」（有田和正著『授業のネタ社会3　高学年』日本書籍，1988）では，「日本に富士山はいくつありますか？」の答えとして「72県」があげられていました。本書では，2017年3月静岡県HPでの資料をもとに沼澤が作成しました。ご了承ください。

桜前線からわかる日本列島の特徴

5年単元：国土の気候の特色　所要時間45分

ぐにゃぐにゃ曲がっているのはなぜ？

【ネタ　桜前線の曲がり方の意味】

　桜前線の曲がり方から，緯度・季節風・地形，さらには暖流・寒流を捉えさせるネタです。

これらの視点で日本全体を捉えることができるようになります。

（有田和正著『5年生に育てたい学習技能』明治図書）

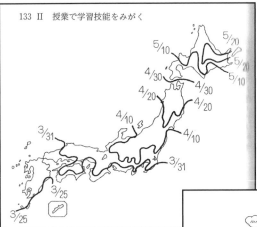

図1　桜前線

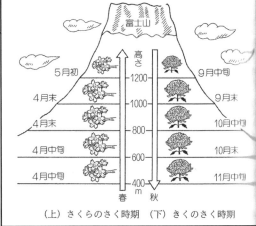

図2　桜と菊の咲く時期

【授業のポイント】

　公開授業で有田先生は，「桜と菊」の最後に，図1と図2を日付が合うように重ねて，2枚を関連づけて表示しました。歓声が沸きました。

　単発の知識で教えるのではなく，「桜前線」で関連づけて捉えさせることができます。さらに，秋の紅葉前線で再確認が行えます。

【指導案】　所要時間：45分間

学習活動	主な発問（○）予想される児童の反応（・）	指導上の留意点
1．桜前線からわかること		図1を掲示する。
	この地図は何を表しているでしょう。	
	・何か，線がある。 ・テレビで見た。 ・さくらの花が咲く時期。	地図帳を使って確認させながら行う。
	この地図からわかることや，「はてな？」と思うことを2つ以上見つけて，ノートに書きましょう。	
	・南から桜が咲く。 ・四国は同じ所なのに桜の咲く時期が違う。 ・北海道も違う。 ・太平洋側の方が3月に早く咲く。 ○南から北へ。太平洋側から日本海側へですね。 ・関東地方は，海岸から咲き始めてから内陸へいっている。 ・同じ緯度でも咲く時期が違う。 ・だいたい10日おきぐらいに咲く。 ・10日たったらパッと咲くのではなくて，10日後はここまで咲いているということ。段々に。 ・南のほうは気温が高いから，高いほうから咲いていく。 ・海岸から内陸ということは，季節風，暖流が流れているから。北海道は，寒流が流れているから内陸側のほうから咲く。 ・本州の方はおおざっぱに分かれているけど，北海道の方は細かく分かれている。 ○日本で一番最初に桜が咲くのはどこですか？ ・沖縄です。 ・1月に咲いています。	

○九州の宮崎あたりは3月25日。東京は？
・3月31日
○九州から東京まで，だいたい1週間，6日です。
3月31日の東京から北海道の北の方までは何日？
・5月20日だから？
・50日。　・約2ヶ月。
○九州から東京まで6日，東京から北海道まで約2ヶ月。

> 東京から北が時間がかかっているのはどうしてでしょう。

・九州から東京までは温度差がそんなにないのだけど，東京から北海道までは温度差があるから。
・東京から上のほうは，たてに長いけど，下のほうはそうでもない。緯度の差が少ない。
○緯度の差ですね。

桜前線は，南九州から関東地方まで時速30km，関東から東北地方までは時速20km，北海道にはいると時速15kmとしだいにゆっくり北上していきます。

2．緯度・季節風・地形

> 緯度に沿ってまっすぐになっていなければならないのに，どうしてこんなぐにゃぐにゃしているのでしょうか。

・地図帳で見ると，曲がっているところは，山地のあるところです。
・山は寒いから。
・資料に「各地の気候の違いというところに，緯度による気温の違いと，季節風による違いと，地形による違いがある」と書いてあります。だから，地形の違いだと思います。
・北海道と九州の緯度による気温の違いと，太平洋側と日本海側の季節風による違いと，瀬戸内とかの地形による違い。
○緯度でみる。季節風でみる。地形でみる。
・地形による違いだ。
・山の上は寒いから，あとに咲く。
○この辺りが山？　どういう山？
・富士山。　・中央高地。

3．暖流・寒流

> ここ（海岸線）は，どうしてぐぅ～っと曲がっているのですか。

	・海の温度が違うから。	
	・北海道は寒流が通っていて，九州のほうは暖流。	
	・寒流は海の温度が2度くらいで，暖流は18度くらいと書いてあるから，随分，海の温度が違うんです。だから，海岸あたりは海の影響を受けるんだと思います。	

4．桜と菊

富士山での桜と菊の咲く時期です。		
	○左が桜です。	図2を提示する。
	・下のほうから春に花が咲いて，だんだん上のほうが咲いていく。	
	○右が菊です。秋に咲く花ですね。	
	・寒ければ寒いほど咲くから，上から下に咲いていく。	
	○暖かい春は，南から北へ。寒い冬は，北から南へ。	
	これで言ったら，暖かい春は，下から上へ。寒い冬は，上から下へ。	

5．人々の工夫

人々は，北と南の温度の違いをどのように利用しているでしょうか。		
	・出荷の時期が違うので，ずらしてつくれる。	
	・北海道や沖縄では，それぞれの気候に合わせて特産品をつくっている。	
	・北のほうと南のほうで違う作物をつくっている。	

6．日本が東西に長かったら

それでは，日本が南北ではなく，東西に長かったらどうですか。		
	・緯度が同じになって，同じものしかつくれなくなる。	図1を回して東西に延びるように掲示する。
	・同じものしか食べられない。	
	・農家の人。いろんなものをつくれなくなる。	
	・買って食べる人もそう。	
	・全部北海道になったら，冬に行くのは近くて良いかもしれないけど，海に入る時期は少なくなる。	
	・逆に，全部が沖縄みたいだったら，海には入りやすくなるけど，スキーができなくなる。	

＊筑波大学附属小学校の有田学級での授業記録をもとに作成しました。

6

1本のさとうきびが示す沖縄の気候　5年単元：あたたかい土地のくらし　所要時間45分

沖縄のさとうきびは，どうして曲がっているの？

【板書】

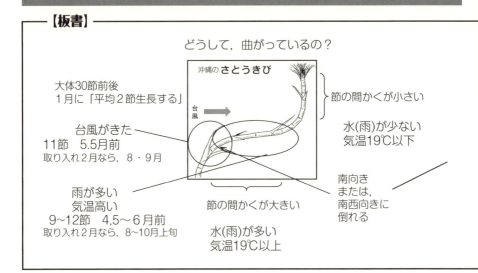

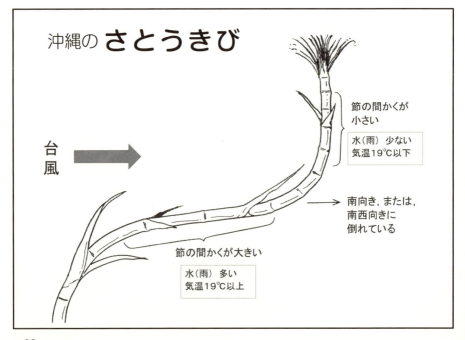

【ネット関連】さとうきびの注文は，次のHPを参照ください。
「りゅうか商事のさとうきび畑」http://www.ryuuka.com/
さとうきびだけでなく，沖縄に関する教材が満載のすてきなHPです。

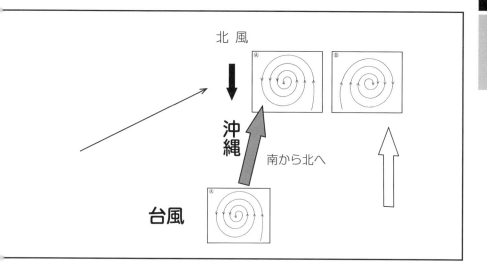

―【ネタ　さとうきび1本で，沖縄の気候が捉えられる】―

　1本のさとうきびを提示して，
①曲がっているわけ
②どちら向きに曲がっているか
③倒れている向き
④節の間隔の大小
を問うことで，沖縄の気候を捉えさせます。

(有田和正著『授業のネタ社会2　中学年』日本書籍)

【授業のポイント】

①で，台風の影響
②③で，台風の位置，そのうずまきの方向から吹く風の向き
④で，水(雨)と気温

節の間隔が大きい＝水が十分あるとき＝台風の時期　　&19℃以上
　　節の間隔が小さい＝水が不足するとき　　　　　　　　&19℃以下
「1月に平均2節生長する」ことから逆算して，△月頃に台風がきたということなどがわかります。

　実物を使えば，ものすごいインパクトがあります。授業の最後に，実際にさとうきびをかじって，甘さを体験させます。また，残ったものを人数分に切って家庭に持ち帰らせると，本物のさとうきびからの授業の話が子どもの口から家族に伝わることと思います。

　また，授業参観などで行えば，親子で一緒に驚きの授業になります。

　なお，実物のさとうきびの1本ままの購入は，ネット上で関連したものを販売している業者に直接にお願いすると可能な場合があります。入手困難なときは，紙を巻いてつくった模型で行います。

【指導案】　所要時間：45分間

学習活動	主な発問（○）予想される児童の反応（・）	指導上の留意点
1．沖縄のさとうきび		実物の提示
	これは，沖縄から送ってもらったものです。何でしょう。	
	・見たことがない。 ・ススキかな。 ・竹の仲間かな。 ○見たことはなくても，食べたことはあると思いますよ。 ・砂糖のもと ・さとうきび？	
2．曲がっているわけ		
	沖縄には，まっすぐなさとうきびはありません。みんなこのへんで曲がっています。どうして曲がっているのでしょう。	
	・暑いところにしかないので，ビニールハウスの中でつくり，ハウスの天井につかえて曲がったのでは。 ・沖縄は台風がよくくるから，それで曲がってしまったのでは。 ・さとうきびの性質で，途中で曲がるようになっている。	

・運ぶときに邪魔になるから，このへんで曲げたのかも。 ・沖縄は暑いから，熱で曲がったのではないかな。 ・糖分がたまって重くなったので，途中で曲がった。 ・植物は，太陽のほうへ曲がるから。でも，変だな。先は，上向きだ。 ・沖縄の土には，そうしたすごい力があるから。 ○どれが正しいか調べてみてください。 ・教科書に，沖縄は，日本で最も台風の被害の多い県ですと書いてあるから，台風の影響だと思います。 ・資料集にも書いてある。 ・さとうきびの写真があった。 ・やっぱり，台風みたい！ ○どうやら，台風の影響が大きいようですね。	実物から教科書・資料集へと視点を広げていく。 図「沖縄のさとうきび」を掲示し，【台風・→を記入する】

3．曲がる方向

> では，さとうきびが曲がるのは，東西南北のどちら向きでしょう。

・台風は南からくるので，北へ倒れる。 ・でも，台風は，うずを巻いてくるよ。 ・だから，どちら向きにも倒れる。決まっていない。 ○沖縄へくる台風のうずまきは，AとBのどちらですか？ ・Aかな 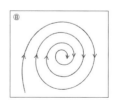 ○Aの台風が沖縄にきます。沖縄のどのあたりを通っていきますか。 ・沖縄のま上か東側を通って，北のほうに進みます。 ・北から吹く北風になる。　・本当だ。 ○さとうきびの倒れている向きは？ ・南向きです。 ・そうなんだ。 ・西側を通るときは，北側に倒れるということか。	A，Bを板書する。 前単元「国土の気候の特色」で台風を扱ったとき，台風の進路を確認しておく。【沖縄と台風，矢印を板書】

　　　　　　　　　○南向き，または，南西向きに倒れているそうです。
4．節の間隔と水と気温

> 　節の間隔に大きいところや，小さいところがあります。これは，どうしてでしょう。

　　　　　　・たまたま。
　　　　　　・肥料の違いではないかな。
　　　　　　○自然現象によって違ってくるのです。
　　　　　　　さとうきびをつくっている人たちは，「台風よこい」といっています。何かを持ってこいといっています。
　　　　　　・雨だ！
　　　　　　・雨は，自然現象だからね。

> ◆節の間隔が大きくなるのは，水が関係あります。
> 　水分が十分あるとき→節の間隔が大きい
> 　水分が不足するとき→節の感覚が小さい

　　　　　　○もう1つ関係の深いものがあります。それは何でしょう。
　　　　　　・気温だと思います。

> ◆そうです，気温です。
> 　19℃以上の気温→節の間隔が大きい
> 　19℃以下の気温→節の感覚が小さい

　　　　　　○水が十分にあって，19℃以上の気温があると節の間隔は大きくなります。大体30節前後で，1月に「平均2節生長する」そうです。

5．さとうきびでわかる沖縄の気候

　　　　　　・30÷2＝15　だから，大体15ヶ月で刈り取られるんだ。
　　　　　　・11節と12節の間で曲がっているから，このときに台風がきたんだ。
　　　　　　・5ヶ月前くらいだ。
　　　　　　・取り入れが2月頃と書いてあるから，台風がきたのが9月とわかる。
　　　　　　・9節から12節が大きいから，8月から10月上旬は水が十分にあって，19℃以上の気温があったということがわかります。
　　　　　　・さとうきびで沖縄の気候がわかるんだ！
　　　　　　・外国のさとうきびはどうなっているのかな？
　　　　　　・沖縄の他の作物はどうなっているのかな？

6．さとうきびの甘さ

	ところで，さとうきびは，どういう甘さなのでしょうか。	
	・砂糖みたいな甘さ。 ・さとうきびから砂糖をつくるんでしょう。 ・だったら，同じ甘さじゃないの。 ○砂糖の原料は，多くがさとうきびですが，他のものからもつくられています。 ・他に，何からつくられているの？ ○では，さとうきびの味をみてみましょう。 ・ええ？　どうやってですか？ ・かじってみよう！ ・固いです。 ・あっ，甘い。 ・これからどうやって砂糖をつくるのかな。 ・教科書の△頁に書いてあります。 ・こうやってつくるんだ！ ○おみやげにさとうきびを渡すので，家に帰って家族にさとうきびのお話をしてください。	砂糖の追究を導く。 「てん菜」 切ったさとうきびを配る。

＋ネタ　★「飛行場の滑走路の向きから，風の吹く方向がわかる」

那覇空港の滑走路は「18－36」。

これは，「180°－360°」ということで，南北にピタリと向いています。

福岡空港の滑走路は「16－34」だから「160°－340°」ということで，図のBのようになっています。

飛行機は，風の吹く方向に向かって離着陸します。このほうが浮力がついて安全だからです。この滑走路の数字は万国共通です。

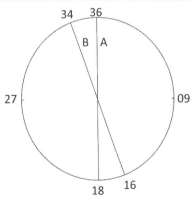

| 意外な事実 | 5年単元：寒い土地のくらし | 所要時間20分 |

国土の半分は豪雪地帯って，本当？

―【ネタ　桜前線の曲がり方の意味】――

> 日本の国土の半分は「豪雪地帯」だ！

　豪雪地帯という視点からくらしと産業を見つめ直すことのできるネタです。雪室の利用や，スキー場への外国からの観光客など，時代に合わせた気候の利用，人々の工夫を考えさせるきっかけとなります。

豪雪地帯・特別豪雪地帯の指定（2016年4月1日現在）

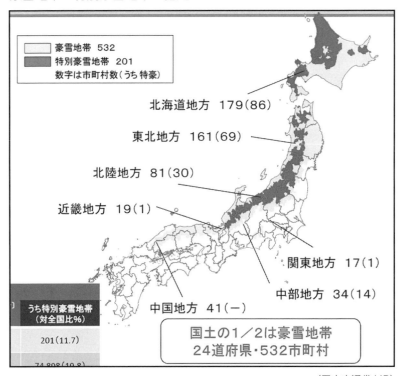

（国土交通省HP）

【授業のポイント】

　豪雪地帯は，日本の国土の半分（以上）に及ぶこと，屋根に積もるだけでも被害が出るという雪国の見えない世界を捉えます。その後，こうした寒い土地で暮らす人々が，きびしい寒さや気候をどのように生かしているのかについて考えさせていきます。

【指導案】　所要時間：20分間

　この後，教科書の導入（単元1時間目）に入り，最後に学習課題の設定を行います。

学習活動	主な発問（○）予想される児童の反応（・）	指導上の留意点
1．雪国とは		
	雪国とは，どんなところだと思いますか。	
	・雪がたくさん降るところ。 ・スキーができるところ。 ・屋根の雪を下ろさないといけないところ。	
	では，雪国とは，どの地域のことだと思いますか。	
2．豪雪地帯	・新潟の近く。 ・山形もたくさん降るよ。 ・北海道。 ・東北地方。 ・宮城のおじさんのところは，そんなに降らないよ。 ・日本海のほうだよ。 ・大体，北のほうだな。 ・京都も降るよ。	日本地図を掲示して場所の確認をする。 地図帳を手にして県名を確認している子を見つけてほめる。 【北】【日本海】をキーワードとして捉えさせる。
	雪がたくさん降るところを特別な呼び方で呼ぶことがあります。テレビなどで，何と呼んでいますか。	
	・雪国とは言わない。 ・豪雪なんとか。　・豪雪地帯。 ○【気象庁の地域に関する用語】では，豪雪地域は，豪雪地帯対策特別措置法によって指定されている，冬期に大量の積雪がある	

地域となっています。北海道から山陰までの24道府県が対象となっています。

3．豪雪地帯の割合

では，この豪雪地帯というのは，日本の何％くらいあるでしょうか。次の中から選んでください。
　①5％　　②10％　　③20％　　④30％　　⑤50％

・たくさん降るのは一部分だから5％くらいだと思う。
・多くても20％くらい。
・30％もないでしょう。
・50％だったら，日本の半分が豪雪地帯となってしまう。そんなことはない。
○豪雪地帯は，国土の約50％に及ぶ広大な面積を占めています。また，総人口の約15％がそこで暮らしています。

日本の国土の半分は「豪雪地帯」なのです。
　そのうち，特に雪が降るところ「特別豪雪地帯」は，面積で全国の約20％，人口で全国の約2.5％となっています。
〈人口は2010年国勢調査，面積は2009年国土地理院による〉

4．雪の重さ

ここに縦1m，横1mの正方形があります。この中に入って，立ってください。

○このワクの中に10人入ってください。
・狭いなあ。
・10人も入ると，さすがにきつい。

1㎡のワクを教室の中に書き，10人を立たせる。

○1人30kgとして10人で300kg。これが，1㎡に1mの雪が積もったときの重さです。

1㎡に1mの雪で，300kg

・2m積もったら600kg。
○この教室くらいの屋根だったら（64㎡）1m積もったら19,200kg，約20トンになります。2mなら約40トンです。それでは教室がもつでしょうか。
・だから，屋根から雪を下ろすのか。
・雪ってそんなに重いの？
・下ろさなければ家ごとつぶれちゃうのか。
・積もるだけでも大変なんだ。
○昭和35年12月から翌36年2月の3ヶ月間にわたる「36豪雪」で，

	全壊した家屋は162戸，半壊家屋は219戸に達しました。近代的な鉄筋建築でも，富山県高岡市の公会堂のように雪で倒壊した例は各地で見られます。 　自然の積雪量が平均2mになるところでは，ひと冬に5回以上屋根の除雪をしなければ家屋が倒壊してしまうのです。
5．雪国の苦労	・そんなに雪下ろしをしていたら大変だ。 ・雪下ろしって大変。

| 他にも雪が降る地域には，いろんな苦労があることと思います。 |

	・道路の雪の除雪。 ・電車のレールに雪が積もって動けなくなっていたのをテレビで見たことがある。
6．雪解け水	○積もった雪は，北陸地方では，はやいところで3月中旬，おそい山間部では5月上旬にならないと雪が消えません。しかし，消え始めると数mの雪もあっという間に消えていきます。あたたかい南風が吹くと1日に20cm以上の雪が消えていきます。

| 1日に20cmの雪がとけたとすると，約何mmの雨が降ったことになるでしょう。
　①5mm　　②20mm　　③40mm　　④80mm |

	・とけるとかなり少なくなる。　　・20mmくらいかな。 ○なんと④の80mmになります。このため，晴天が2〜3日も続くと，雪どけによる「洪水」が起こります。新潟県に発生する「洪水」の半分以上は融雪期の「青空洪水」だということです。 ・白いダムと言っていた。 ・田んぼの水になる。大切な雪。それで洪水になるなんて。

―――――【教科書の導入（単元1時間目）の学習】―――――

7．学習課題の設定	○こうした寒い土地にくらす人々は，きびしい寒さや気候をどのように生かしているのでしょうか。次の授業からみんなで考えていきましょう。

注：有田和正著『授業のネタ社会3　高学年』（日本書籍）では，当時の建設省が「積雪地域」と規定していることを扱っておられましたが，現在の国土交通省での「豪雪地帯」で本稿をまとめました。

【参考資料】有田和正著『授業のネタ社会3　高学年』日本書籍
『社会科クイズ面白事典上巻』明治図書

8 浮魚と底魚 —— 海の中の魚のヒミツ

実物で水産業の導入を　5年単元：水産業のさかんな地域　所要時間45分

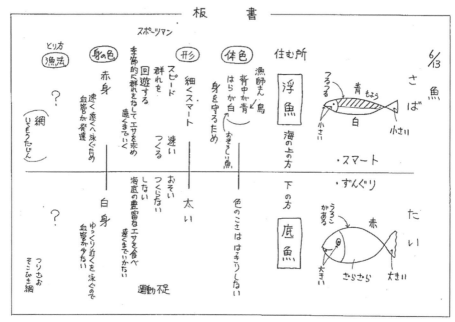
板書

【ネタ　魚を捉える】

　浮魚と底魚の対比で，海の中の魚の姿を捉えさせる最高のネタです。体色，形，身の色を比較し，そして，漁法へとつなげていきます。

　子どもが家で話題にするような刺激ネタかと思います。子どもが授業の自慢話をすれば，保護者の教師への信頼度は必ずUpします。

　このネタは，有田先生のオリジナルではないのですが，「よい教材を子どものために」という思いからの追試実践と考えます。サバとタイの対比での板書構成は，さすがです。比較を通して子どもの気づきを生む構成となっています。他教科の学習でも応用できる板書技術です。

　魚の実物を使っての授業の威力。魚に触って，その身の色を確かめて。教室の中に歓声が沸き，子どもたちの生き生きとした活動が生まれます。

【準備のポイント】

　季節によってサバは，サンマでも可能です。タイは，うろこが取られて売られていることがあるため，市場からそのまま手に入る魚屋さんに注文します。保護者の中に魚屋さんがいれば，ゲストティーチャーとして招き，みごとにさばくところを見せていただき，魚の話も教えてもらうことができます。
　実物が手に入らない場合は，映像でもよいかと思います。また，身の色を見た後のタイは，塩焼きにして我が家の夕食にしてきました。

【指導案】　所要時間：45分間

学習活動	主な発問（○）予想される児童の反応（・）	指導上の留意点
1．魚について知っていることを話す	○魚をスーパーで買ったことのある人？ 　どういうふうに売られていましたか？ ・そのままの形で ・切り身でパックに入っていました。 ○寿司ではどんな魚が好きですか？ ・マグロ　　・タイ ○焼き魚ではどんな魚が好きですか？ ・サケ　　・サンマ	多くの魚の名前を挙げさせ，生活場面と繋げていく。
2．サバとタイを比べて特長を見つけ，ノートに書く	○これは何という魚でしょうか。 ・サバ　　・サンマ　　・タイ ○みんながよく食べているサバとタイです。	本物のサバとタイを提示する。
サバとタイを比べて特長を見つけ，ノートに書きましょう。		
形の違い　　形はどう違いますか。	・サバは細くて，タイは太い。 ・サバはツルツル，タイはザラザラ。 ・タイはウロコがある。 ・目の大きさが違う。　・尾びれの大きさが違う。	サバとタイの実物に触れさせ，目と手と鼻で比べさせる。 タイのウロコには，十分な注意が必要！
色の違い　　色はどう違いますか。	・サバは，青で，タイは赤。 ・サバは，背と腹の色が違う。	

　　　　　　　　　　・タイは，全体的に赤い。
3．浮魚と底魚の特長について考える

> 魚は，浮魚と底魚と大きく区別することができます。
> サバとタイはどちらが浮魚でどちらが底魚でしょうか。

　　　　　　　　【説明】　浮魚……海の上のほうに住んでいる魚
　　　　　　　　　　　　底魚……海の下のほうに住んでいる魚

・タイが浮魚。 ・タイが底魚。なんとなく重そうだから。 ・タイは高いから海の底にいる。 ○サバが底魚でタイが浮魚です。	理由を聞くことによって，さらに深く考えさせたい。

> 浮魚と底魚はどう違うでしょうか。

①体色　　　浮魚と底魚を体色の違いで見分けてみましょう。

・浮魚は，背中側が青く，腹側が白く，色のこさの違いがはっきりしています。 ・底魚は色のこさの違いがない。 ○どうしてかな？ ・自分の身を守るためかな。 ・浮魚は，上から人間や鳥から敵がくる。 ・背中側が青いと海の色と一緒になる。 ・浮魚の下からの敵は，大きな魚など。 ・腹側が白いと太陽の光と一緒になる。 ・底魚は，海の底にいて，日が当たらなくて暗いから，腹と背が同じでもいい。	「サバは…」という発表は，「浮魚は…」と言い直させることによって，個別例の違いから浮魚・底魚の見分け方の違いであることを意識させる。 体色が，敵から身を守る保護色の役目をしていることから魚の生態について考える。

②形　　　　浮魚と底魚を形の違いで見分けてみましょう。

・浮魚は細くスマート。　　・底魚は太い。
○どうして浮魚はスマートなのがな？
・浮魚は速く泳がないといけないから。
・たくさん集まって泳いでいるのをテレビで見

回遊魚について知る		ました。 ○浮魚の体の形がスマートなのは回遊魚だからです。	
		浮魚は，エサを求めて，水温の変化に合わせて，季節的に群れをなして長距離を泳ぎます。回遊魚と呼ばれます。サンマ・イワシ・マグロ・カツオ・カジキ・サバ・サケ・ニシンなどです。その移動距離は，2000km〜数万kmとも言われています。 　底魚は，海底の豊富なエサを食べ，遠くまで行きません。 ・浮魚はスポーツマン。　　・底魚は運動不足。	
③身の色	サバとタイの身の色は何色でしょう。		
	・両方とも白い　　　・タイは白い ・魚の身の色は全部白 ○運動すると，顔の色は？ ・赤くなる。　　　・血の流れがよくなる。 ・回遊するサバの身は赤い。 ・運動しないタイの身は白い。 ○本当でしょうか。では，切ってみます。 ・ええ？　ここで？　・本当だ		体の形でとらえた魚の運動量と関連づけて考えさせる。 目の前で包丁で切って身の色を確かめさせる。身近な例として，家庭に帰ってからも自分で調べることができる興味を引きやすい内容である。
	魚の身の色で，浮魚か底魚かがわかります。 　浮魚は赤身，底魚は白身が多いです。 　イカは白身ですが浮魚で例外です。タコは白身の底魚です。		
4．魚のとり方について考える			
浮魚と底魚のとり方は，同じでしょうか，違うでしょうか。			
	・同じ ・群れの浮魚はごっそり網でとる。 ・海の底は，それはできない。 ・底魚は釣り竿で。 ・底引き網っていうのがあるよ。 ○授業を終わります。		浮魚と底魚の特長から，魚のとり方について考えさせていく。子どもの意見を聞き，正解にはふれない。次時の漁法につなげていく。

【参考資料】有田和正『授業のネタ社会3　高学年』日本書籍
　　　　　　『1時間の授業技術　小学社会5年』日本書籍，「浮魚・底魚」敷地　博，藤岡信勝

9 食生活の革命ともいえる大事件　6年単元：縄文時代　所要時間30分

世界最古の土器普及国

【ネタ　世界最古の土器普及国】

土器の　① 利点
　　　　② 活用
　　　　③ 変化

土器から当時の世界，人々の暮らしを捉え直すことができるネタです。日本人の味覚「うまみ」などが縄文時代から始まっていたことに驚かされます。

（有田和正著『おもしろ教科書ゼミナール１』旺文社，『授業のネタ社会３　高学年』日本書籍）

【授業のポイント】

　土器の発明が，食生活の革命ともいえる大事件であったことは，豊かな食生活を送っている現代の子どもたちには（大人にも？）実感が伴わないことかと思います。だからこそ，強調してその意味を伝えたいと思います。

※資料　長崎県の福井洞窟遺跡と愛媛県の上黒岩遺跡から出土した「細隆線文土器」が約１万2000年前の土器だとわかり，オリエント地域の7000～8000年前の土器誕生よりもはるかに早いことで，「世界で最初に土器を発明したのはどこの国か？」という感動的なネタを有田先生が示されました。

　しかし，その後，ロシアのシベリア地方アムール川流域のオシポフカ文化では１万5000年以上前の土器が発見され，中国湖南省の洞窟遺跡では１万5000年～１万8000年前の可能性が指摘される土器が発見され，さらに，中国江西省にある仙人洞遺跡の土器が，２万年前に遡る可能性があると報告されました。

　それぞれ諸説あります。また，今後，新しい発見もあることでしょう。

　それでも，土器の使用が全国的に広がり日常化した最古の国が日本であるということだけは数多くの遺跡からの証明で今後とも変わることはないようです。こうした視点で「１．土器の発明」の☆を沼澤が加筆しました。

【指導案】　所要時間：30分間

学習活動	主な発問（○）予想される児童の反応（・）	指導上の留意点
1．土器の発明		
	世界で最初に「土器」を発明したのはどこの国でしょうか。	
	・ヨーロッパの中の国。 ・エジプト。古くから文化が栄えていたから。 ・中華料理の中国。 ・インドかな。	
	それは，いつ頃のことでしょうか。	
	・教科書の年表では2300年前に縄文土器って書いてあるから，もっと前だと思う。 ・今から約5500年前の山内丸山遺跡で使われたものの中に縄文土器が書いてある。 ・だから，1万年くらい前の，どこかの国。 ○もっと！ ・1万5000年くらい前。 ○だいたい正解です。約1万6500年前です。では，その国は？ ・やっぱりエジプト。 ・何とか文明。 ・日本？	
☆	1998年に発掘された日本の大平山元Ⅰ遺跡（おおだいやまもといちいせき）の縄文土器は，約1万6500年前で当時世界最古の土器でした。 　その後，中国湖南省で約1万8000年前の土器が発掘されました。 　ですが，日本は，1万4000年前頃には全国に土器が普及していたのです。その点では世界一です。「世界最古の土器普及国」と言えます。	
2．土器の利点		〈資料参照〉
	土器を使うまでは，基本的にはすべて焼く料理でした。 では，土器を使うと何が違うのでしょう。	
	・スープがつくれる。 ・鍋料理。 ・煮ることができるようになった。 ・いろいろまぜて味をつくりだすことができる。	

○土器の発明によって，さまざまな材料をまぜあわせて煮ることができるようになり，また，複雑な味をつくりだすことができるようにもなり，日本人の味覚が進歩しました。土器の発明は，食生活の革命ともいえる大事件だったのです。

イギリスの考古学者ゴードン＝チャイルド博士は，「土器の発明は，人類が化学変化を実生活にとり入れて成功した最初のできごと」とのべています。それほどの大事件だったのです。

・そんなにすごいことなの。
・普段食べていてあたりまえになっていた。

3．土器の活用

縄文時代の初期に使われていたのは，どちらの土器でしょう。

・右のほうは，立てることができるのですか。
○これだけでは倒れます。
・使いづらくないのですか。
・右のほうが簡単に作れそうだから，最初は右のほう。
○初期の土器は，ほとんどが丸底か尖底（先のとがった土器）です。これは，その目的がもっぱら煮炊き用であったことを意味しています。

どうして，とがったほうが煮炊きをするのによいのでしょう。

・あたたまりやすいから？
・どうして？
○火のあたる面積が平底よりも広くなるのです。
・たくさん火があたるから，早くお湯が沸くんだ。

○土器は，けものや魚を主食にしている段階ではあまり必要ではありません。デンプン質の植物を食べるところに土器の必要性がありました。土器が使われ始めたということは，ドングリなどの木の実やイモ類を食べ始めたことがわかります。

	・土器で，何を食べていたかがわかるのですね。 ・煮て食べるものは，土器がなかったら食べていなかったことになる。 ・味噌汁も，食べられないことになる。 ○煮たり，ゆでたり，蒸したりすることで，保存することができるようになりました。これは，湿気が多く有害な菌が繁殖しやすい日本の気候にとっては最高のことでした。	
	誰が土器を発明したのでしょうか。	
	・昔の科学者 ・考えて作ったのかな？ ・たまたま，できた。 ・偶然に。 ○つるや枝のかごの内側に粘土をぬってバケツがわりにしていたら，火事で焼けてしまった。あとに残ったのは，かごの模様のついた土器だったのではないかと考えられています。 ・それで縄目の模様がついたのかな。 ・それ，ピッタリなんじゃない。	自由に意見を発表させる。
4．土器の変化		
	縄文時代というと土器が中心で，他の道具類はあまり発達しなかったような錯覚をもつほど，縄文土器はこの時代の花形です。	
	・縄文時代は，ものすごく長かったのに。 ・ずっとこの形では，なかったみたいだよ。 ・ひょろ長いのや，変な形のものもあるよ。 ・使いやすいというよりは，飾りみたいなものもある。 ・スープをつくるのではなく，入れ物みたいになっている。 ・生活が変わってきたことを土器が表しているんだ。 ・縄文時代は，3000年も続いたのだからいろいろあるよ。	

10 資料から導き出す歴史観　6年単元：縄文時代　所要時間20分

縄文人はハッピーライフ？

【ネタ　資料からわかること・考えられること】

縄文時代を人口・寿命・身長・むし歯・食べ物などから捉えさせます。

（有田和正著『おもしろ教科書ゼミナール１』旺文社）

【授業のポイント】

日本の歴史の８割弱を占める縄文時代。歴史のスタート「縄文人」をデータから捉え，歴史学習に導きます。

【指導案】　所要時間：20分間

学習活動	主な発問（○）予想される児童の反応（・）	指導上の留意点
１．縄文時代	○昨日，100年（１世紀）を１cmとして作ったテープ年表を出してください。	
	←10cm→ ｜　｜縄　文　時　代　｜8千年間｜　｜　｜弥生｜古墳｜平安｜他｜今　　6cm 4cm 4cm ←1000年→　　　　　　　　　　　　　　　　600年　　400年	
	・日本の歴史は，ほとんどが縄文時代だった。 ・とても長い時代。 ・平成は２mmでした。 ・これだけ長い時代だから，いろんなことがあったと思う。	
２．人口	縄文時代の人口は，だいたいどのくらいだったと思いますか。 　①2,000人　②40,000人　③200,000人　④6,000,000人	
	・③くらいかな。 ・そんなにいなかったと思います。 ・８千年も続いたんだよ。2000人ってことはないと思います。	

○だいたい10万〜20万人と言われています。③です。

縄文早期（紀元前8000〜4000年）	21,900人
縄文前期（紀元前4000〜3000年）	106,000人
縄文中期（紀元前3000〜2000年）	262,500人
縄文後期（紀元前2000〜1000年）	161,000人

・中期が多くて後期が減ったのはどうしてだろう。
・気候の変化かな。
・病気かな。

3．寿命

縄文時代の寿命は，だいたいどのくらいだったでしょう。
　①30歳　　②40歳　　③50歳　　④60歳

・そう長くは生きられないと思うので②かな。
・平均寿命はどんどん高くなってきているから，縄文時代はかなり低いはず。
・まさか①はないでしょう。
・体を動かして元気に暮らしていたのだから③かな。
○正解は①です。30歳前後と推定されています。

	男		女	
	個体数	平均死亡年齢	個体数	平均死亡年齢
縄文前期	9	30.3	6	29.6
縄文中期	22	32.4	12	32.3
縄文後期	34	32.9	30	31.5
縄文後晩期	21	29.2	20	32.1
縄文晩期	47	30.1	34	30.9
総　　数	133	31.1	102	31.1

縄文後晩期（紀元前1000〜500年），縄文晩期（紀元前500〜300年）

・これでは，おじいちゃんになれない。
・8千年も続いたのにあんまり変わりがないなあ。
・食料，住居，自然環境などの変化が少なかったのかな。

| | ・後期は人口が減っていたのに，寿命はあまり変わらない。
・後期はどうして人口が減ったのだろう。
・少子化かな。
・何が原因なのかな。
○世界各地の狩猟採集民は，ほぼ似たようなものであったようです。 | 子どもから出なければ導く。こうした比較を通して考える子を育てたい。 |

4．身長

> 縄文人の身長は，だいたいどのくらいでしょう。
> 明治時代の平均身長　　男　155.3cm　　女　144.7cm
> と比べてみます。
> 大きいのは，①縄文時代の人　　②同じくらい　　③明治時代の人

・明治時代のほうがおいしい物を食べているはずだから③。
・食べ物は，縄文時代のほうが，自然の物が多くて，健康的かもしれない。だから，大きい。
・野山を駆け回っていたから……それでも同じくらいの②。
・狩りの生活だから，体力が一番。男は①。
・男は，縄文時代のほうが大きくて，女は明治時代のほうが大きいと思う。
・明治時代は，男女ともに今よりもかなり小さい。時代と共に大きくなっていくと思うから，やっぱり③。

	男	女	
縄文時代	159.1	148.0	表の表示
古墳時代	163.0	151.5	
鎌倉時代	159.0	144.9	
室町時代	156.8	146.6	
江戸時代前期	155.0	143.0	
江戸時代後期	156.4	144.7	
明治時代	155.3	144.7	

○正解はどちらも①です。縄文人の方が大きかったのです。
・明治時代よりも縄文時代のほうが男女とも4cm近く大きくなっている。
・その間では，古墳時代が一番大きい。
・どうして？

・自然の中で暮らしていたほうがいいんだ。
・世の中が安定していて，食料も豊富だったんじゃないかな。
○バランスのとれた生活ということかな。
・明治以降は，どうなっているんだろう。
・年齢と人口の変化を調べてみたい。
・面白そう。

5．むし歯

縄文人にむし歯があったでしょうか。

・ない。
・チョコレートなんかないし。
・ジュースもないよ。
・甘いものなんてなかったから，むし歯なんてなかった。
○縄文人は，44％の人がむし歯になっていたのです。
・歯医者さんでなおせなかったので，どうしていたのかな。
・抜くしかないだろうね。
・麻酔もないよ。

エスキモーやオーストラリア先住民のような狩猟や漁港民族には，ほとんどむし歯はありませんでした。
同じような生活をしていたはずなのに，どうして，縄文人はむし歯になったのでしょうか。

・甘い物はなかったはず。
・甘い木の実はあったと思う。
・ハチミツ？
・ハチミツはあったと思う。
○縄文人は，甘い果実やハチミツを食べていたでしょう。
　縄文人の女性が，林の中に入って木の穴をのぞきこんだりして，蜂蜜がりに一生懸命だったようです。
　古代ローマやギリシアでも，蜂蜜の飼育が行われ，不老長寿の薬として使われたそうです。アレキサンダー大王の東方遠征によってインドのサトウキビが入るまでは，ヨーロッパでは唯一の甘味料だったのです。
　でも，むし歯の最大の敵は，デンプン質を大量にとることなのです。

縄文人の主食は，なんでしたか。

・ドングリ

・木の実
○副食は，動物や魚・貝などだったようです。これらは，デンプン質で，ゆっくりかんでいると糖に変わります。
・むし歯が多かったということは，これらの食べ物をたくさん食べていたということだ。
・肉や魚をい〜っぱい。
・だから，むし歯が多かった！

6．弥生人のむし歯

次の弥生時代になると，むし歯の人は何％になるでしょうか。
①44％　②56％　③83％　④94％

・食べ物が変わるのかな。
・稲作の絵が描いてあるよ。
・デンプンだ。
・②かな，③かな。
○正解は，③の83％です。83％のむし歯はひどいですね。
・ほとんどの人がむし歯だ。
・でも，食べ物が豊かだったということだ。
・歯ブラシはなかっただろうなあ。
・平成人は何％だろう。

7．縄文人のタイムカプセル

縄文人は，現代の私たちに当時の様子がわかるようにタイムカプセルを残してくれました。文字や写真・ビデオはなくても，しっかり伝えてくれました。

・貝塚です。
・貝や動物の骨を捨てた場所。
○当時は，ゴミ捨て場であったとしても，今は，縄文時代の貴重な博物館になっています。

貝塚は，全国にいくつくらいあったでしょうか。
①100か所　②500か所　③1500か所　④2500か所

・10万人もいたから③かな。
・②くらいだと思います。
○全国に2500か所以上の貝塚があります。④です。まだ見つかっていないものもあるでしょうから，これからも増えていくでしょう。かなりの数になりますね。

縄文人が食べていたものは，次の中のどれでしょう。
ブリ　カツオ　クジラ　イルカ　ウニ　イカ ウニ　サザエ　アワビ　フグ　マグロ

・ブリ，アワビ。
・教科書に書いてある。マグロ。　・書いてないものもあるよ。
・高級料理店のメニューみたい。
○これらは，全部貝塚から見つかったものです。東京湾近くに住んでいた縄文人は，フグを食べていたようです。
・贅沢だなあ。　・うらやましい。
・自然の中で暮らせて，食べ物もよくて，縄文人のほうが幸せみたい。
・1万年以上の昔のことがわかるなんて，歴史ってすごいなあ。

+ネタ　★古代から『お菓子』があった

　古代の菓子は，「くだもの」のことでした。菓子の「子」は，種のことで，「実」を意味しています。『古事記』には，お菓子のことが「久多毛能（くだもの）」と「木能実（このみ）」と出ています。日本で最も古い「お菓子」は天然のくだものであり，木の実だったのです。

　6世紀頃唐から穀物の粉を原料にしたお菓子が入ってきました。これを「唐菓子」と呼び，それまで日本にあったくだものや木の実を「木菓子」と呼ぶようになりました。

+ネタ　★「たて穴式住居の入り口は，どっち向き？」

　たて穴式住居は，縄文時代に盛んに造られ，その後も弥生時代を経て，平安時代ぐらいまで造られていました。地方によっては江戸時代まで造られていたことが判っています。

　そのたて穴式住居ですが，多くの入口（出口）は，南を向いていました。入口（出口）が窓もかねていたわけですから，日の光が入る南向きにあったのです。

　地域の特性を生かした入口の向きも，当然ありました。兵庫県の瀬戸内海に面したあたりは，西風がとても強いので，たて穴式住居の入口は東向きにつくっているところが多いといいます。

（『社会科授業に使える面白クイズ第2集』明治図書）

11 胡椒が世界をつなげた?

「胡」のつくモノは海外ブランド？　　6年単元：安土桃山時代　　所要時間25分

【ネタ　「胡椒」を求めた世界の歴史】

> 胡椒が，バスコ＝ダ＝ガマにインド航路を開かせ，コロンブスにアメリカ大陸を発見させ，そして，マゼランに世界一周をさせた！
>
> ヨーロッパの食糧事情が胡椒の価値を高め，世界をつなげていくことになりました。
>
> （有田和正著『おもしろ教科書ゼミナール2』旺文社，
> 『授業に使える「面白小話集」』明治図書）

【授業のポイント】

　日本史の中に登場する世界史。これは，小学校の学習内容ではないからと扱わないことがありますが，世界史の内容をところどころで取り入れることによって日本史につながりが見えてくるものです。これは，新学習指導要領でも強調されていることです。

　1つの物や出来事を通して歴史を捉えさせること，様々な物事を串刺しのようにして繋げていくこと。その線が絡み合って面となったときに，歴史観が生まれるのではないでしょうか。

＋ネタ　★「『胡』のつく物」

　「胡」のつく字には意味があります。
胡桃（くるみ），胡麻（ごま），胡瓜（きゅうり），胡弓（こきゅう），胡服（こふく），胡琴（こきん）など。

　むかし，中国になくて外国から入ってきた物，とりわけ西域からきた物に「胡」の字をつけて，国内にあった物と区別したのです。

　胡の字のつく物は，中国になかった物です。

【指導案】　所要時間：25分間

学習活動	主な発問（○）予想される児童の反応（・）	指導上の留意点
1．胡椒		袋入りの塩と胡椒を提示する。実物提示の威力は大きい。
	これは，いくらでしょう。	
	・塩は100円くらい。 ・胡椒は200円くらい。 ○自分で買ったことはないですか？ ・胡椒はラーメンに入れるくらい。 ○いくらしました？ ・お店においてあるから，自由に使える。 ・ただみたいなもの。	
	これを，正倉院から借りてきました。	
	・何かのタネ？ ・胡椒？ ○胡椒の実です。これをすりつぶしたのが，さっきの胡椒です。	粒の胡椒を提示する。
	正倉院にあるさまざまな品物は，日本が8世紀頃外国とどのような交流があったのかを知る貴重な材料です。その中の聖武天皇の持ち物を中心に集めた正倉院御物の中に，胡椒が150粒入っているのです。たぶん，貴重な薬品として，遣唐使の誰かが持ち帰ったか，中国かインドから日本にきた坊さんが天皇にさしあげたかでしょう。	
	・それが本物ですか。 ○いえ，残念ですが，これはスーパーの物です。 ・本物だったら大変だ。 ○日本への渡航を5回失敗して6回目にようやくたどり着いた鑑真の少ない荷物の中に入っていたのは，蜂蜜と，そして？ ・胡椒！ ・宝物みたいですね。 ・ラーメンにかけて食べるなんてできないね。 ○ヨーロッパでは，ギリシア，ローマ時代から胡椒を宝石のようにして取り扱っていました。	
2．胡椒の価値		

> ヨーロッパでは，12世紀のはじめ，胡椒とある物が，同じ目方で交換されていたのです。ある物とは？

・小麦だ。パンにするんだ。
○なんと，「銀」です。胡椒は，金・銀とともに「通貨」にもなっていたのです。
・その当時は，どうしてそんなに高かったのですか？

> この当時，バスコ＝ダ＝ガマという人がいました。何をした人でしょう。

・インドへの航路をヨーロッパ人として初めて発見した人です。
・ポルトガル国王の命を受けてのことだそうです。
○航路を見つけることで何をしたかったのでしょうか。
・旅行
・貿易
○その目的は，胡椒や他の香辛料をたくさん手に入れることでした。

> ・そんなに高い胡椒を何に使ったのですか。

・ラーメンに？
・味が好きだったのかな？
・ステーキだ！
・ヨーロッパの人は，肉をたくさん食べるから。
・肉に合うから。

子どもの言葉をひろいながら，つなげていく。

3．ヨーロッパの食料事情

> 肉を食べるときに使ったのです。
> でも，どうして，ヨーロッパでは肉が多く食べられていたのでしょうか。

・肉好きな人が多かった。
・米や小麦が少なかったのかな。
・肉しかなかった？
・そんな贅沢な！

> ①もともと肉を食べるのが好きな人々だった。
> ②植物がうまく育たない土地だった。
> ③牛などの家畜を育てるのに適した土地だった。
> 正解は，どれ？

正解は，②と③です。というよりは，②だから③になるということです。
ヨーロッパは，夏でも温度が低く，むし暑くなく，雨が少なく，

日照時間が短いのです。気候だけでなく，土地の大部分は質が悪く，石灰質の土壌です。植物の生育には適しません。化学肥料もなく，農業技術も進んでいなかった時代のヨーロッパは，食糧不足に苦しんでいたのです。

　やわらかいままで生長がとまった野生の草類を利用した「牧畜」が中心になるしかなかったのです。人間用の穀物さえ足りないのに，大量の家畜の飼育は難しく，普段は雑穀入りのパンが中心でした。

　大変な食糧不足のため，家畜や狩りのえものは，頭からしっぽの先まで大切に保存し食べたのです。くさりかけて，においていても貴重なタンパク源だったのです。

　おいしく食べるためというよりも，くさりかけ，においのする肉を食べるための工夫として考え出されたのが，ソース，胡椒などの香辛料だったのです。

| 胡椒が，パスコ＝ダ＝ガマにインド航路を開かせ，コロンブスにアメリカ大陸を発見させ，マゼランに世界一周をさせたのです。|

　パスコ＝ダ＝ガマによって発見されたインド航路によって，胡椒の価格が下がり，一般の人々も胡椒が使えるようになりました。

4．ザビエル

| 日本でも胡椒の商売に熱心だった人がいます。キリスト教を布教した有名な人です。誰でしょう。|

　・ザビエルだ。
○キリスト教布教だけでなく，胡椒の商売にも熱心だったのです。
　ザビエルが協会本部へ書いた手紙の中には，
「日本へは，13トン以上の胡椒をつんでこないように。少ないほうが〇〇〇〇〇から」
という言葉が残されています。
　・少ないほうが体にいいから？
　・高く売れるから！
○【少ないほうが高く売れるから】だそうです。商売が上手ですね。
　肉を食べない日本で胡椒が貴重だったのは，不老長寿の薬として扱われていたからのようです。

12 朝廷・昼廷・夕廷・晩廷？　　6年単元：古墳時代（大和朝廷）　　所要時間5～10分

「朝廷」の「朝」が示すこと

【ネタ　意表をつくと】

> 大和朝廷があったのなら，昼廷・夕廷・晩廷はあったでしょうか。

子どもの「はてな？」をみごとに捉えたネタです。

（有田和正著『社会科クイズ面白事典下巻』明治図書，
『「考える子ども」を育てる社会科の学習技能』明治図書）

【授業のポイント】

　見逃しそうな言葉の中に，時代背景が映し出されています。
　大和朝廷の授業の中で，「ことば」にかかわる，気づきを導くことができる一瞬のネタです。

【指導案】　所要時間：5～10分間

学習活動	主な発問（○）予想される児童の反応（・）	指導上の留意点
1．大和朝廷について	○大和時代，大和朝廷が成立しました。日本ではじめての本格的なまとまった政治組織です。この政治組織のことを「大和朝廷」といいます。	
	大和昼廷・夕廷・晩廷はあったでしょうか。 ①朝廷があれば，当然，昼廷・夕廷・晩廷はあった。ただあまり仕事をしなかったので歴史上有名ではない。 ②昼廷・夕廷・晩廷はなかったが，「大和料亭」というのがあった。 ③昼廷・夕廷・晩廷はなかった。	
	・昼廷・夕廷・晩廷は，教科書には出てきていません。 ・何か，②はありそう。 ・その当時に料亭はないでしょう。 ・③だと思うけど，①もありそう。 ・アサガオみたいだな。	

2.「朝廷」について	・①だと思う。でないと,「朝」だけっていうのは変だ。 ○正解は,③です。昼廷・夕廷・晩廷はありませんでした。	
	・どうして朝廷だけなのですか。	子どもから出なければ教師が問う。
	・それが名前なのではないのかな。 ・いや,あってもいいはずだ。 ・そもそも大和朝廷って何? ・この国の中心になった王を大王といって,この国の政府を大和朝廷とよびます,と書いてあるから,「政府」のこと。 ・大和政府ってすればいいのに。 ・朝があって,昼と夕と晩はない。 ・昼と夕と晩は関係ない政府ってこと? ・朝だけ。 ・朝しか仕事をしないの?	こうした自由な話し合いの中から,焦点化された考えが導かれていく。
	当時の朝廷は仕事があまりなかったので,午前中で帰宅しました。だから,午後は,役所へ行っても誰もいないのです。だから「大和朝廷」なのです。	
	「朝して夕せず」という一文が『春秋』の解説書にあるといいます。これは,「世の中がうまくおさまり,平和なときは,役人は朝出勤すれば夕方には出勤しなくてすむ」という意味らしいです。 　平和な世の中では,朝のおつとめだけでよかったから「朝=まつりごと(政)」ということになり,「朝廷」となったらしいことがわかります。 　「廷」とは,政治を行うところや,裁判を行うところという意味です。 ・むらからくにになって,そして大王の大和朝廷。 ・それだけ,大王の力があったということを表している。 ・国が安定していたということだ。 ・今の役人の人たちは大変そうだけど。 ○それでは,大和朝廷について,詳しく学習していきましょう。	

+ネタ ★「昼廷や夕廷でもよいではないか」

「どうして朝廷というのか。昼廷や夕廷でもよいではないか」と子どもに聞かれた「はてな?」に対して,有田先生は,「わかりません。調べてきます」と答えたそうです。

13 文化・政治のしくみの輸入　6年単元：飛鳥時代　所要時間45分

聖徳太子ってどんなことをした人?

【ネタ　聖徳太子が残したもの】

日本人は，いつ頃から箸を使ってきたのでしょうか。

使うようになった理由とは？

ここから，聖徳太子の偉大さを表す史実につなげます。

外国から学び，日本独自のものをつくりあげてきた日本文化の出発は，聖徳太子にあるように思えます。

（『授業に使える「面白小話集」』明治図書）

【授業のポイント】

日本は，鎖国を通して日本独自の文化を築き上げてきました。一方で，開国時には，聖徳太子に代表される「外国から学ぶ」という視点で多くのことを取り入れてきました。この両面がみごとに調和されて日本文化がつくられてきました。文化・政治のしくみの輸入の視点で聖徳太子を捉えます。

【板書】

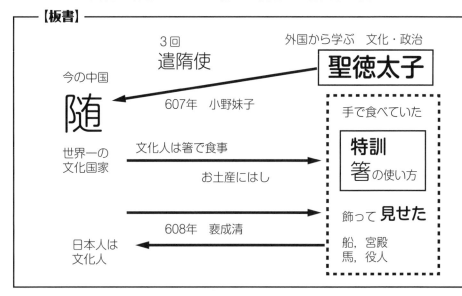

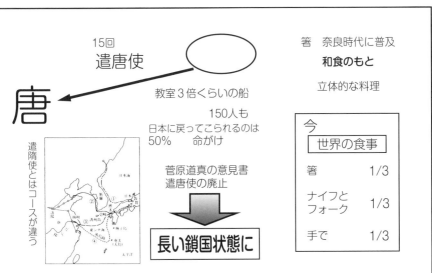

【指導案】 所要時間：45分間

学習活動	主な発問（○）予想される児童の反応（・）	指導上の留意点
1．箸を使う人		
	今世界で食事をするときの様子で， 　①箸を使って　　②ナイフとフォークを使って　　③手で どれが一番多いと思いますか。	
	・ナイフとフォークが多い。 ・手で食べてる国って少ないんじゃない。 ・箸を使う国はもっと少ないよ。 ○正解は，どれも同じぐらいです。箸を使う人が全人口の1/3，ナイフ・フォークを使う人が全人口の1/3，手で食べている人が全人口の1/3です。	
	では，日本では，箸は，いつ頃から使われたのでしょうか。 　①縄文時代から，土器と一緒に使い始めた。 　②弥生時代になって，ごはんを食べるようになってから。 　③今の中国，隋という国の食べ方を見て，まねをした。 どれだと思いますか。	
	・漢字も中国から来たから，箸もじゃない。 ・日本の箸が中国に伝わったと思う。 ・和食が箸。	
	○正解は③です。隨という国は，当時世界一の文化国家で，ここにいろんなことを学びに行かせたのが聖徳太子です。聖徳太子は607年に小野妹子を遣隋使として送りました。	
2．遣隋使		
	遣隋使の通った航路はどのコースでしょう。	
	・③が一番近いよ。 ○沿岸沿いの②が一番安全だったので，このコースです。	
	そのとき，小野妹子に持たせた聖徳太子の国書は，「日がのぼる国の天子が，国書を日がしずむ国の天子に届けます」という書き出しで，隨の皇帝は「無礼だ」とカンカンに怒りました。	
	・戦争になったのですか。 ・隨のほうが大きくて強いでしょう。	

○ところが，皇帝は思い直して，使者を日本に送ることにしたのです。このとき，随は朝鮮へ出兵を考えていて，日本と仲良くする方がよいと考えたのだと言われています。聖徳太子は，外国の様子をしっかり捉えていたのですね。

「野蛮人は手で食事をするが，文化人は箸で食事をする」と言われ驚いた遣隋使は，お土産に箸を持ち帰ってきました。
その話を聞いた聖徳太子は，さあ，何をしたと思いますか。

・驚いて，自分も箸を使ってみた。
・随に行って，使って見せた。
・みんなに広めた。

○何と，聖徳太子は宮殿にいる人々に箸の使い方の特訓を始めたのです。そして，翌608年に裵成清（はいせいせい）が来たときには，大芝居を打ったのです。難波津に着いた裵成清の前には，美しく飾られた30隻の船を置いておきました。デラックスな宮殿に招かれた裵成清が「ここが都ですか」と聞くと，「これはほんの入り口です。都は大和です」と嘘をつき，都への道には見事に飾られた馬を並べ，美しく着飾った役人たちにお出迎えをさせたのです。そして，晩さん会で箸を使って見せたのです。聖徳太子だけでなく，日本人の全員が上手に箸を使ったのです。

帰国した隋の使節団の一行は，皇帝にどのように報告したと思いますか。

・日本人は，上手に箸を使っていたよ。
・すばらしく美しい国だった。
・日本人は，文化人である。

ところで，箸を使う前の日本人は，何で食事をしていたでしょう。

・手で？
・何かで刺して。
○手で食べていました。聖徳太子が興味をもたなかったら，今も手で食べていたかもしれませんね。

3．箸を使うようになって

箸は，奈良時代には広く普及していたようです。
箸を使うようになって，変わってきたことがあります。

・手が汚れていても，大丈夫。
・衛生的になった。
・病気が減った。

○今の和食のもとがここでつくられたように思えます。西洋料理は，ナイフとフォークで切って食べるので，皿が平たく，料理も平たいものが多くなります。箸食の和食は，立体的につくっても，箸で1つ1つとって食べることができます。立体的に料理を飾ることができるのです。

4．遣唐使

> 607年・608年・614年の3回の遣隋使をまねして，630年から838年まで15回も海外旅行が行われました。この旅行を何といいますか。

・遣唐使です。（第1～17回のうち，第12・13回は中止。よって，15回）
○遣唐使船は底が二重になっていたようです。一隻の船に150人もの人が乗って中国へ行ったのです。

> その船の大きさは，教室の何倍くらいだったと思いますか。
> ①3倍　②5倍　③10倍

・②の5倍くらい。
○正解は，①の3倍です。
・何それ。そんなに小さいの？
○長さが24m，幅7～9m，帆柱2本で平底の箱型でした。波を受けるとあっけなく沈んでしまったそうです。最初は，1隻か2隻の帆船で渡海したと言われていますが，8世紀に入ると4隻となり，多いときは一行全員で500～600人にもなったそうです。4隻送ればどれか1つは着くだろうということでしょう。
・行くほうにとっては命がかかっているのに。
・どのくらいで着いたのですか。
○約2ヶ月と言われています。

> 遣唐使の通った航路はどのコースでしょう。

・遣隋使と同じ②のコース。
○7世紀の終わり頃，日本と朝鮮半島の関係が悪くなり，②のコースが通れなくなりました。そこで8世紀から③や④のコースが使われるようになったのです。

> 中国（唐）へうまくたどりついて，日本へ無事に帰ってこれる確率はどのくらいだったのでしょう。　①80%　②70%　③60%　④50%

・100%はないの？

　　　　　　　　　・だったら行かない。
　　　　　　　　　・60％かな。
　　　　　　　　　○正解は50％。半分しか日本に戻ってこれなかったのです。
　　　　　　　　　・命がけの旅行だ。
5．聖徳太子の思い

| 遣隋使を中国へ送ったときの聖徳太子の思いは何だったのでしょう。 |

　　　　　　　　　・進んだ国の文化を見たかった。
　　　　　　　　　・まねして国を豊かにしたかった。
　　　　　　　　　○【高い文化】ですね。
　　　　　　　　　・近くの国の様子を知りたかった。
　　　　　　　　　○主に【東南アジアの情報】ですね。もう1つ、これがなかなか難しいのですが、【政治のしくみ】です。国をつくるという視点で見ることができた聖徳太子のすごさがここに現れていると思います。外国から学ぶことのすばらしさに気づいた聖徳太子、それを受け継いだ人々が日本を築いてきたのです。

6．廃止したのは

| 聖徳太子が始めた遣隋使、それを受け継いだ遣唐使。その遣唐使を廃止したのは誰でしょう。 |

　　　　　　　　　・外国の文化を取り入れることの意味がわからないおろかな人。
　　　　　　　　　・命がけでも行きたいといういう人の気持ちがわからない人。
　　　　　　　　　・頭の悪い人。
　　　　　　　　　○第18回目の遣唐使に任命された菅原道真が、任命後の1ヶ月後に遣唐使を廃止すべしという意見書を朝廷に出し、これが受け入れられ、遣唐使は廃止されました。任命された大使本人が廃止にしたのです。その菅原道真は、学問・書・詩文にすぐれ、学問の神様とよばれ、後世、天満天神として祭られることになりました。わからないものですね。

7．その後の日本　　・遣唐使をやめた後はどうなったのですか。

| その後の平安時代は中国との交流はありませんでした。ですから、遣唐使を廃止した後は、長い鎖国状態になりました。 |

　　　　　　　　　・この後、聖徳太子の思いを引き継いだのは誰ですか。
　　　　　　　　　○そういう見方で歴史を捉えることができるのはすばらしいです。一緒に勉強していきましょう。

＋ネタ ★「聖徳太子のしゃく」

「しゃく」は，中国の隋の身分の高い人たちが儀式のときにもっていた道具が日本に伝わったものだといわれています。

裏側（持っている人から見たら自分側）に紙をはりつけ，儀式の順序などや話す言葉を書いて，カンニングペーパーにしたそうです。718年に藤原不比等がもったのが最初と記録されています。ですから，しゃくをもった聖徳太子の絵はちょっとおかしいことになります。後世の人の脚色でしょう。

＋ネタ ★「大徳になったのはごく少数」

冠位十二階では，紫・青・赤・黄・白・黒の色の「冠」をそれぞれ大・小に分け，12階としています。

聖徳太子は，紫色の「大徳」と「小徳」を，「臣」や「連」のカバネをもっていた有力な豪族だけに与えるように考えていたようです。

「小徳」の位をもらった人は相当数いましたが，確実な史料にみられる「大徳」の位を与えられた人は，境部雄摩侶（さかいべの　おまろ），大伴咋（おおともの　くい），小野妹子（おのの　いもこ）のわずが3名でした。

『＋ネタ　社会科授業に使える面白クイズ第3集』p.72

＋ネタ ★「平安時代の貴族は？」

平安時代，貴族という名にあたいする三位以上は，たった22名。貴族に通じるというので通貴とよばれた四位，五位は，約150名でした。

この時代のこういう高級官僚を含めた律令政府の役人の定数は，法律で決められていて，奈良・平安時代を通じて変わっていません。それによると，役人の数は，12,506人（男性11,712人，女性794人）だったそうです。

（＋ネタ『社会科クイズ面白事典下巻』明治図書，p.142）

大仏&遷都から覗く　　　6年単元：大和時代　　　所要時間45分

歴史の中に隠れている公害

【ネタ　昔から公害はあった！】

> 奈良の大仏と公害
> 遷都と公害　　　意外性からつながる「公害」！
>
> むらが大きくなって国になり，人間が集団で住むようになると，どんな時代でも公害は起きるのです。
>
> （『おもしろ教科書ゼミナール2』旺文社）

【授業のポイント】

　大仏・遷都・貝塚など，公害は特別なものではなく，歴史の中に隠れていました。公害との戦い，いえ，その対応の歴史ともいえるかと思います。今後の歴史学習の視点として活用していくことができます。

+ネタ　★「大仏は，合体ロボ？」

　745年に制作が開始され752年に開眼式が行われた大仏は，一説では大仏殿も含め建造費は約4657億円とも言われています。

　大仏は，1180年と1567年の2回焼失しています。「①膝下部」が奈良時代のもので，1回目の焼失後の鎌倉時代の補修が「②体部」，2回目の焼失後の江戸時代の補修が「③頭部」と3時代の合作のようになって残っているのです。

　合作故，「美男におわす」（鎌倉の大仏を評した与謝野晶子の『恋衣』の一部）とは呼ばれなくても，大きさは世界一です。

頭部　③江戸時代　約5m
体部　②鎌倉時代　約8m
膝下部　①奈良時代　約2m

【板書】

人間と公害

奈良の大仏

桓武天皇

世界を仏の力で照らす

行基

渡来人

260万人以上
人口の半分

奈良の大仏の絵

掲示します

材料
銅　499トン
金　440kg
すず　8.5トン
水銀　25トン

金メッキ　5年間
水俣病公害

全国から集められた。家の仕事ができない。

【指導案】 所要時間：45分間

学習活動	主な発問（○）予想される児童の反応（・）	指導上の留意点
1. 奈良の大仏		
	奈良の大仏は，誰が，どうしてつくったのでしょうか。	
	・聖武天皇が，世界を仏の力で照らすことを願って。 ・人々とともに仏の世界に近づこうと思ってつくったみたい。 ・でも，全国から集められた農民がつくった。 ・行基という僧。 ・渡来人たち。 ○大仏の開眼式には，中国やインドからよんだ位の高い僧をふくめ，1万人以上の人が参加しました。	大仏にこめられた願いを確認する。
	大仏づくりにはのべ260万人以上の人がたずさわりました。これは，当時の日本の人口のどのくらいでしょうか。 ①10分の1　②5分の1　③2分の1	
	○当時の日本人口は560万人といわれているので，およそ半分の人が大仏をつくるために働いたことになります。	

```
                    ┌──────────┐
  ─────────────────┤ 大和時代  │
                    └──────────┘
   聖武天皇                              穴を掘って埋めて
                   ┌──────────────┐    いた大便・小便
      平城京       │ たびたび移された│         ↓
      添仁京       │ 都を示す地図  │
      難波宮       │              │     病気がはやる
      紫香楽宮     │   掲示します  │         ↓
      平城京       └──────────────┘
    \                                    都を移す
     \
      ┌──────┐
      │ 貝塚 │
      └──────┘
         ゴミ捨て場
```

	大仏は何でつくられたでしょうか。	
	・木 ・金ぴかに，金で。 ・全部金だとお金がかかる。 ・銅 ・銅が一番多くて499トン。 ・金は440kg。水銀25トン。すずが8.5トン。	
水銀による公害	大仏づくりで困ったことが起きました。何でしょう。	
	・材料費がかかりすぎた。 ・大仏づくりで忙しくて，農民が仕事をできなくなった。 ・全国から集まってきたから，家の仕事ができなくなった。 ○そうです。そうした困ったことがたくさんあったのです。	
	材料を見て，気づいたことはありませんか。	
	・すずって，何に使うの？ ・水銀って何かに出てきた。 ・公害だ。 ・水俣病だ。	

	大仏づくりは，形ができた大仏に金メッキをして完成です。この工事は，752年から5年間もかかりました。金メッキは，金に水銀を化合させて，大仏の表面にぬって，加熱します。すると，水銀だけが蒸発して，あとに金だけが残り，完成です。	
	・蒸発した水銀は？ ・当時は完璧なマスクはありませんでした。 ・すっていたのですか。 ・そもそも水銀が危ないことを知らなかったと思う。 ・5年間も。 ・流れていって，遠くの人にも。	5年生時の学習を振り返らせる。
	大仏づくりでは，公害があったのではないかと推定されています。	
	・仏の力で世界を照らそうと思ってつくったのに。悲しいなあ。	

2．大和時代の遷都

	大仏づくりの前にも公害はあったのです。 どういう公害でしょう。	
	・水銀かな。 ・ゴミかな。	
	聖武天皇が都を移したのも，その公害のためではないかとも言われています。	
	・都を平城京から添仁京，難波宮，紫香楽宮，平城京とかえていました。 ・何かに水銀を使ったのですか？ ○みんなの知っているものです。 ・今もありますか？ ○当然あります。 ・еええ ○最初は，穴を掘って埋めていたのですが，人口が増えるとそこらへんが穴だらけになってしまい，困ったのです。 ・埋めてあれば大丈夫なのですか。 ○それでも，ちょっと。 ・臭いんじゃないの？ ・きっとそうだ。	

便による公害		・病気もはやるようになるんじゃないですか。 ・ウ○チだ。
	大便や小便を穴を掘って埋めていたのです。それらがたまってどうしようもなくなって都を移したのではないかということです。	
		・それだったら，どこに行っても同じじゃないのですか。 ○川の流れや建物のつくりによっては，何とかなるもののようです。

3．古代のゴミ

　さらに，その昔，ゴミ捨て場を決めて，食べかすをすてるようにしていたところもありました。

貝塚	・貝塚です。 ・今は古代の歴史がわかる博物館みたいになっています。 ○人間の歴史は，公害との戦い，いえ，その対応の歴史ともいえると思います。

+ネタ ★「大仏殿は，どうして倒れなかったのか」

　中国から「かわら」が入ってくると，日本の家は大きく変わりました。かわらは丈夫で，長くもちます。重くて下に力をかけるので安定します。しかし，その重さ故，地震のときに建物崩壊の恐れがあります。そこで，中国では釘でかわらを固定するところを，日本では「泥」で固定したのです。

　これは，

【地震があって家が一方に傾くと，傾いた方のかわらが滑り落ちる。その限界は25度だと言われるが，一方が落ちると，当然，反対側が重くなり，その力で家は反対側に復元し，さらに傾いてそちらのかわらも落ちる。】（樋口清之著『梅干と日本刀』祥伝社）

　この２つの動きでかわらが落ちて屋根が軽くなり，建物の木組みは残って家は絶対につぶれないしくみになっていたという見方があります。

　東大寺の大仏殿が倒れなかったのは，このようなしかけがあったからでしょう。

15 美人の3条件から

6年単元：平安時代　　所要時間45分

平安美人が語る衣食住

【板書】

平安時代
貴族

清少納言　平安美人の顔　　平安美人の顔　紫式部

枕草子　　　　　　　　　　　　　　源氏物語

平安時代の美人の条件

- 色が**白い** ──── 明るくよく目立つ ──→ 暗い ↗
- **顔**がでかい ──── よけい目立つ
- 髪が黒くて**長〜い**　　　　　化粧がはがれる
  身長くらいが普通　最高7ｍ

【ネタ　美人が語る平安時代の衣食住】

平安美人の条件　①　色が白い
　　　　　　　　②　顔が大きい
　　　　　　　　③　髪が長い

　平安時代の才女清少納言，紫式部は，美しさでも有名です。
　当時の美人の3つの条件から平安貴族の生活（衣食住，そして寿命），気候，寝殿造の内部まで学習することができるのです。有田先生のネタの中でこれほど驚かされたものはありません。
　子どもたちの発想を生かし，共感を得ながら，笑いを導きながら，楽しく平安時代の貴族の生活を捉えさせていくことができるネタです。

（『授業のネタ社会3　高学年』日本書籍）

キーワード：衣食住は，【十二単＝運動不足】【栄養不足＝短命】
【寝殿造＝暗い・寒い・くさい】

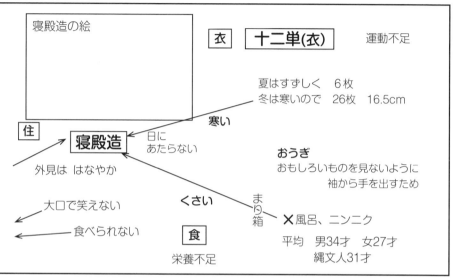

主な発問

この女性は，廊下を歩くのにどうして扇をもって顔をかくしているのでしょう。

「源氏物語絵巻」（有田和正模写）

【授業のポイント】

私は，歴史の授業観が大きく変わりました。知識をまとめて覚える，という社会科の授業から，事実をもとに歴史を捉え直し，考えさせることによって，隠れていたいろんな世界が見えてくるものだと気づかされました。このネタで授業をして，笑いながら自由に意見を言い合える楽しさを子どもたちから教えられました。この授業では，自宅から雛人形を持ち込み，提示してから行うと，白い顔，長い黒髪，きらびやかな十二単，平安時代のイメージをより印象づけることができます。

【指導案】 所要時間：45分間

学習活動	主な発問（○）予想される児童の反応（・）	指導上の留意点
1．平安美人の 3条件	○この2人の女性は，平安時代を代表する女性です。誰でしょう。 ・清少納言　　・紫式部	清少納言と紫式部の絵を掲示する。
	この当時の美人には3つの条件がありました。どんなことだと思いますか。	
	・太っていること？ ・髪が長いこと ・顔が大きいこと？ ・眉毛が離れていること	子どもたちからの意見を導き出し聞きながら，出なければ教える。
	平安美人の条件　①色が白い 　　　　　　　　②顔が大きい 　　　　　　　　③髪が長い	
①色が白い	○「色が白い」は，なぜ？ ・部屋が暗いから。 ・白いと目立つ。 ○貴族はどこで暮らしていましたか。 ・寝殿造 ○寝殿造は，窓もない暗い部屋だったのです。白くないと顔が見えなかったのです。	意見が出にくいときは，「当時の貴族が暮らしていた寝殿造がヒント」と伝える。 絵の提示
	この女性は，廊下を歩くのにどうして扇をもって顔をかくしているのでしょう。	
	・はずかしいから。 ・そうするのが当時のしきたりだったから。 ○笑うと困ることが起こるのです。例えば？ ・…………………	
	当時の化粧は，小麦粉をねったようなもので，これをヘラで顔に厚くぬりつけました。ちょうど壁土のように。だから，時間がたつとかわいてきて，固くなり，うっかり笑うと壁土が落ちて，世にもあわれな顔になりました。だから，笑わないように目をかくしたのです。また，大きく口をあけると化粧がはげ落ちるため，食事もうまく食べられませんでした。	

	笑えない＆大口で食べられない＝無表情	
②顔が大きい	○「顔が大きい」と？ ・たくさんぬれる。 ・白くてよけい目立つ。	
③髪が長い	○当時の女性は，髪は長いほど美しいということになっていたのです。	
	村上天皇（946年～967年在位）の女御芳子（にょうごほうし）の髪の長さは7mもありました。芳子が村上天皇と結婚する当日，牛車に乗った芳子の髪は，長々とひきずって宮殿の柱のもとにあったそうです。平安時代の女性は，身長くらいあるのが最低の長さで，髪が長ければ長いほど美しいということになっていました。	
2．十二単	当時の貴族の女性の着物は，何といいましたか？	
	・十二単です。 ・十二枚も着ていたの？	
	十二単は，平安時代の女性の儀式用の着物です。【十二】とは，12枚というのではなく，たくさんのという意味で，26枚も着ていたという記録があります。着物の厚さは，最高で16.5cm，平均の重さが20kgもあったそうです。	
	・かなり重い。 ・動けない。運動不足になる。 ○どうしてこれだけ着たのでしょうか？ ・美しくなるため。	【「運動不足」と板書】 答えは言わずに次に進む。
3．寝殿造	○貴族の住む寝殿造は，外見ははなやかですが，窓がないということの他に，天井もありませんでした。天井がないとどうなりますか？ ・寒いです。	冬の体育館を思い出させる。
	書院造が完成する室町時代まで，日本の家には「天井」というものがありませんでした。寺院や宮殿にもありませんでした。天井がないと冬はとても寒いのです。平安時代は日本でもまれにみる寒冷期だったので，相当寒かったことでしょう。	
	・だから十二単なんだ。 ・たくさん着ないと寒いから。	

	○ぜいたくから生まれたものではないのでしょう。気温の変化に応じて着物をぬいだり着たりして調節をしたのですね。	
	扇を持っているもう１つの理由として，たくさん着ている服の中に手が入ってしまったら出せなくなってしまうので，手が袖の中に入るのを防ぐということもありました。驚きますね。	
４．貴族の食事	貴族ですから食事のメニューは，どうだったと思いますか。	
	・豪華です。 ・最高のメニューだと思います。 ・教科書にあるけど，豪華ではないみたい。	
	四つ足の動物は食べてはいけませんでした。にわとりも，食べません。１日２食。１回に蒸した米を２合５勺も食べます。動物性のタンパク質の食べ物は，ほとんど魚や貝の干物。イカはスルメ。アワビも干した物。	
	・栄養のあるものを食べていない。 ・元気になれない。	
５．貴族の寿命	平安貴族の女性は長生きしたでしょうか。	
	・絶対長生きできない。 　子どもの意見，板書から，条件として，次の３点でまとめる。 ①十二単を着ているから「運動不足」　　＝衣 ②食べ物が不十分「栄養不足」　　　　　＝食 ③暗い家（寝殿造り）で「日に当たらない」＝住 　平安貴族の平均寿命は，男32歳，女27歳でした。縄文人で31歳です。 　平安時代の貴族の死因は，肺結核55％，かっけ20％，皮膚病10％で栄養失調系の病気です。 　夏は，水浴や水ふきをするが，冬はしません。病気のとき「水蒸気浴」（これを風呂といいます）に入るくらいです。ですから，肌はよごれてくさかったようです。それで，「香」をたいてにおいを消そうとしました。風邪でもひくと，生ニンニクをかじるので，ますますくさかったようです。 　庶民は，全身浴をつねとしていたから，貧しくとも健康でした。 　　　　　　　　　　　　　　　【寝殿造　「くさい」と板書】	

6．寝殿造のトイレ	この中には大切な物がありません。何でしょう。	
	・トイレがありません。 ・書き忘れたんじゃないの？ ○紫式部はトイレの中でイワシを食べたという記録があるそうです。絶対にトイレはあります。しかも水洗便所です。 ・川で，した。 ・ええっ，しゃがんで？ ・十二単で？　うそ！ ○実は，これがトイレです。 ・おまる？　　・くさい！	寝殿造の平面図を掲示する。  当時のトイレ 「まり箱」(樋箱)
	広大な寝殿造でのトイレは，「まり箱」にいったん出し，これを下女が鴨川あたりへ捨てに行き，きれいに洗うので「水洗便所」となります。冬の寒い日などは，わざわざ鴨川まで流しに行かなかったから，その室内のにおいは，想像を絶する悪臭であったに違いありません。 　儀式のときなど，まり箱を持って行くわけにはいかないので，竹づつで袴の下から外へ向かって小便をしました。こんな不衛生なことが宮廷でさえ行われていたのです。	
	○平安美人になりますか？ ・とても華やかな生活だと思ったけど，何だか大変そう。 ・寝殿造も「暗い」「寒い」「くさい」で，ちょっ と……。	隠れた歴史の世界を捉えさせる。

16 元寇 日本が勝った本当の理由

元軍は攻める前から負けていた　　6年単元：鎌倉時代　　所要時間45分

【板書】

元寇

元を中心とした蒙古人の国の広がりを示した図

文永の役　　弘安の役

台風

日本　鎌倉武士が強かった！

元軍の構成	文永の役 (1274年)	弘安の役 (1281年)	
		東路軍	江南軍
船の数	900 高麗が1〜6月の6か月間に造る	900 高麗が造る 船の材料3000せき分	3500 南宋が造る
兵力	2万5000人 高麗人 12,700 宋の敗兵 女真人(満州) 漢人 蒙古人(30人)	4万人 高麗人 25,000 (元10,000 K.K 15,000) 宋人 遼(契丹)人 女真人 安南人 蒙古人 (140, 150人)	10万人 南宋人 漢人 トルコ人 蒙古人
元の損害	13,500人 元亡 200せき余 沈没	107,000人 死亡 3500せき余 沈没	

　元寇の学習で，大国・元に日本軍が勝ったのは，一般的には，次のように言われて（書かれて）います。

　　A　暴風雨の力。
　　B　鎌倉武士の勇敢な戦いぶり。

　当然，子どもたちの考えは，こうした視点のものとなります。
　この考えをゆさぶるために3つの資料の読み取りをもとにしたネタです。

【ネタ　大国・元に日本軍が勝ったのは】

①元軍の兵士の構成に問題があった。
②ちょっとした季節風でもくずれる程度の船で攻めてきた。
③兵士は，元によって征服された人々で，本気で戦う人はいなかった。

（有田和正著『有田式指導案と授業のネタ7』明治図書）

元軍の【構成】と【攻撃経路】
朝鮮の重鎮の【手紙】　　３つの資料で歴史の事実を読み直します。

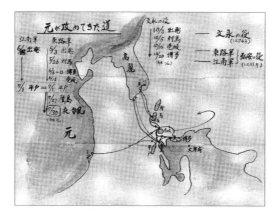

{ 作らされた
　いそいで作った
　手抜き

{ ほとんど
　元に負けた人
　よせ集め

{ 武器・食料
　良い物は
　出さない

３か月も
船の中

野菜不足・ビタミン不足
栄養不足

【授業のポイント】

　子どもの考えをゆさぶり，「はてな？」を導き出し思考を広げ，討論をもとに思考を深め，追究を導き，学ぶ力を身につけさせていく有田式授業の大きな位置を占める「授業のネタ」。

　本資料のように授業で提示される資料は，答えを直接示す物ではなく，読み取る力を高められるような形となっています。

　資料①【元軍の構成】　　　　　（『授業のネタ社会３　高学年』日本書籍）
　資料②【元が攻めてきた経路図】（『授業のネタ社会３　高学年』日本書籍）
　資料③【李蔵用の手紙】　（『有田和正著作集有田式指導案と授業のネタ７』明治図書）

　特に，資料①の読み取りは，資料を読み解くことの面白さを子どもたちに気づかせることになります。じっくり子どもの意見を聞き，見えてくる世界を楽しむこと，こうした授業が，考える社会科の楽しさを実感させることになると思います。

【指導案】　所要時間：45分間

学習活動	主な発問（○）予想される児童の反応（・）	指導上の留意点
1．元という国	○鎌倉時代に，大きな国が日本を攻めてきました。何という国ですか？ ・中国　・元 ・どう違うの？ ・中国のその時の国の名前 ○蒙古人が中国だけでなく世界に広がる大国をつくりました。その一部を元と呼びました。もともとは，今のモンゴルあたりです。 ・そんなに大きな国が攻めてきたの？ ・教科書○○ページに書いてあります。 ・でも，日本が勝ったよ。 ・2回とも！	教科書・資料集などをもとに考えさせる。 ある民族が国を統一し，国名が変わる中国の歴史について触れる。 教科書による確認 図の提示
2．元寇で日本が勝ったわけ		
	大国・元に日本が勝ったのは，どうしてでしょう。	
	・台風が来たから。 ・神風だよ。 ・鎌倉武士が強かったから。	教科書をもとにして子どもたちからの意見を導く。
	資料①「元軍の構成」　この資料から何がわかりますか。	
①兵力	・ものすごい人数 ・弘安の役は14万人 ・高麗人が多い。 ・高麗人は，蒙古人と友達ですか？ ○高麗人は，蒙古人に制圧された人々です。他の宋，女真人，漢人もです。 ・蒙古人のために，どうして戦うの？ ・蒙古人の言うことを聞かないと！ ・それにしても蒙古人が少ない。 ・ほとんどの人が自分たちが負けた元のために戦っているから，やる気がない。 ・日本に勝っても，元のものになるだけ。 ・敗軍の寄せ集めだよ。	①②③④の順番は，子どもたちの発表により変える。 宋人・漢人：今の中国 女真人：満州地方

②元の損害	・高麗も他の人も，強い兵は蒙古人の家来にして出さないと思う。 ・ものすごい数の人が死んでいるよ。 ・13,500人，107,000人 ・弘安の役の被害が大きい。 ・偉い人は助かるようにするから，蒙古人の死亡者は少ないはず。	
③船の数・質	○船の数からわかることは？ ・遠くまで行くのには，大きな船でないとダメだと思う。 ・900せきの船を，6か月で作れるの？ ・船を造る人と，兵士になる人は違うから，自分の乗らない船なんて，作りさえすればいい。 ・手抜きしてもわからない。 ・蒙古人は，モンゴルあたりだと海がないから，船の作り方を知らないので手抜きがわからなかった。 ・船の材料3000せき分も集めて，使わなかったの？ ・急いでいたんじゃないの。 ・3500せきも作らされた南宋って，どこにあるのですか？ ・かわいそう。 ○元の前の中国の国名が，宋です。 ・元に滅ぼされた国じゃあ，仕方なかったんだ。 ・勝っても自分たちにいいことはない。 ・そんな手抜きの船だから沈みやすいんだ。 ・歩いて帰れないから。 ・台風が来なくてもダメだったんじゃないの。 ・最悪の船で，最悪のメンバーだ。 ・これでは，勝てるわけないじゃない。	
資料②「元が攻めてきた経路図」 この資料からは何がわかりますか。		
	・文永の役は，博多まで18日間，ずっと船の上。 ・弘安の役では3ヶか月も船の中にいた。 ・7月は，台風の時期なのに，1ヶ月近くも海にいた。	

Ⅱ 6年：有田式で書く社会科指導案 81

④船上の生活	・台風を知らなかったのかな。 ・モンゴルに台風は来るのかな？ ・台風の怖さを知らなかったんだと思う。 ・食べ物はどうしていたのですか？ ○食料や武器も，高麗や南宋が出したそうです。 ・それでは，それも最悪だ。 ・よい物は出さない！ ・もし，いい物を持って行っても，蒙古人が取ってしまう。 ・3ヶ月も船の中では，野菜不足になる。 ・ビタミン不足。 ・戦う気力はなくなる。 ・勝ったとしても，無事に帰れない。	
	それでは，もう一度聞きます。大国・元に日本が勝ったのは，どうしてでしょう。	
3．元寇について 　再度考える 　①兵力	・日本が勝ったのではなくて，元が負けにきた。 ・元軍は日本を攻めてくる前から負けていた。 ・台風の影響も大きかっただろうけど，そもそも準備が不十分だった。 ・こんなことをしていては，元という国は，長く続かないと思います。 ・この後，つぶれちゃうんじゃないかな。 ・元寇は，元と日本の戦いのようだけど，戦いで一番苦しめられたのは，高麗の人々だと思いました。 ・大国と小国の戦いだ。	資料から見方が変わったことを意識させる。
4．世界の視点へ	○最後に，資料③「李蔵用の手紙」を読んで終わりにします。 ・小国の知恵だ。 ・いつも小さな国はかわいそうだ。	

資料③【李蔵用の手紙】

　1266年，フビライ・カンは，兵部侍郎の黒的と衣部侍郎の殷浩を朝鮮

に送り，2人を日本に案内するように朝鮮王に命じたのである。

朝鮮王は，日本についてよく知っていたので，日本へ案内しても日本の態度を変えることは無駄だと思っていた。しかし，やむなく案内することにした。だが冬のことで，巨済島までいったところで，とても風波がつよく海峡は渡れないといって帰ってきた。

フビライ・カンは，自分の命に従わなかったとおこった。

その時，朝鮮の重臣の1人であった李蔵用が黒的にあてて手紙をおくって説明した。その手紙の内容がおもしろいので，資料として活用しようと考えた。

(『有田式指導案と授業のネタ7』)

――― 李蔵用の手紙 ―――
「今，聖明なる世宗皇帝が天子の位についておられ，その勢威は日月の光の如く四海に及んでおります。そしてすべての国には皇帝に対して，臣下の如く，侍妾の如く従っております。東の方でうごめいている小さい島国日本が，どうして皇帝に服従しないことがありましょうか。しかしここで考えていただきたいことは，日本は蜂みたいな国だということであります。皇帝はこれを叩きつぶすことができましょうが，蜂にさされてはつまらない話です。昔，隋の煬帝の時も，日本は上書してこんなこと言っております。『日出ル處ノ天子，書ヲ日没スル處ノ天子ニ致ス』と。日本が驕傲無礼で，名分を知らないことはかくの如くひどいものであります。そのような名残りが今でもきっとあると思います」と。

(『続・日本史から見た日本人』産能大学出版刊，pp.25～26)

『授業のネタ社会3 高学年』(日本書籍，1988)では資料①→資料②，『有田和正著作集有田式指導案と授業のネタ7』(明治図書，1992)では資料②→資料①→資料③の順に提示して授業が行われています。

本稿は，『授業のネタ社会3 高学年』の構成の最後に，資料③を提示する形で沼澤が指導案化しました。板書は，著作集をもとに作成しました。

Ⅱ 6年：有田式で書く社会科指導案 83

17 合戦にもルールがあった　6年単元：安土・桃山時代　所要時間45分

織田軍が勝ったナゾを追え

―【ネタ　合戦にもルールがあった】―

　雨天順延のルールを破り大軍今川義元に勝った織田信長は，天下無敵の武田騎馬軍団を鉄砲により打ち破り，新しい戦い方のルールをつくりあげました。

　破天荒な印象を与える織田信長ですが，実は，緻密に計画された作戦・準備が見えてきます。

(『おもしろ教科書ゼミナール3』旺文社，
『授業のネタ社会3　高学年』日本書籍)

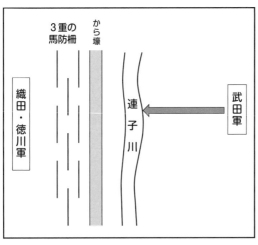

図1　長篠の戦の絵

【授業のポイント】

　「ルール破り」の視点で信長を捉えると，楽市・楽座，商業都市の支配，キリスト教の保護などがつながって見えてきます。大量の鉄砲の使用はこれらがあってこそ可能になったのです。経済と戦をつなげて捉える視点は，子どもたちには，とても新鮮に捉えられることと思います（次時の内容ですが）。

【指導案】　所要時間：45分間

学習活動	主な発問（○）予想される児童の反応（・）	指導上の留意点
1．長篠合戦図屛風から		長篠合戦図屛風を見る（教科書）図1を提示して全体像を捉えさせる。
	○左側は？ ・織田・徳川の連合軍 ○右側は？ ・武田軍です。	
	○中央に連子川が流れています。織田・徳川軍は3万8千人の軍勢で，武田軍は，1万5千人でした。数の上では半分以下の武田軍でしたが，武田の騎馬軍団は当時日本一と言われていました。	
	織田・徳川軍と武田軍。大きな違いは何ですか。	
	・織田・徳川は，鉄砲を持っている。 ・3000丁だって。　・柵がある。 ・武田軍は，馬に乗っている。 ・武田軍が織田・徳川軍を攻めている。	
2．火縄銃		
	鉄砲（火縄銃）はどのくらいとんだのでしょうか？ また，有効距離はどのくらいでしょうか？	
	・100mくらい？　　・500mもとばないよね。	
	○ふつうの火縄銃は，300mくらいとびました。ところが有効距離となると80〜100mくらいでした。30m以内なら90%くらいの命中率でした。 ・弓より，いいんじゃないの？ ・京都の三十三間堂は，長さ128mありますが，これを弓で射ぬいた人が何人もいたそうですから，弓の名人のほうが火縄銃よりも有効距離は長かったのです。 ・じゃあ，弓のほうがいいのに。　・どうして，鉄砲なのかな。	
3．火縄銃の利点		
	鉄砲（火縄銃）のよいところにいち早く気づいて戦いに使ったのが信長です。さて，鉄砲のよいところとは？	
	・遠くから相手をうてる。 ・それは，弓も同じだ。 ・鉄砲をうっているのは，どういう人ですか？	

○足軽といって，武士と農民の間の身分の低い兵隊です。
・あまり訓練しなくてもすぐ使えるようになるところかな。
・名人でなくてもいい。
・すぐに兵隊が集められる。
・弓は訓練した名人でないとなかなか当たらない。

図にある柵は，馬がこちら側にこないように作った「馬防柵」といいます。鉄砲を3000丁ももっていたのに，どうしてこんなにたくさん柵を作ったのでしょうか。

・当たらなかったときのため。
・馬を止めるため。

信長のねらいは，次のようなものだったと考えられます。
① 鉄砲をうつ足軽たちの心を安定させるため。
② 馬防柵に阻まれている間にうてば命中率が高くなる。
③ 途中から雨になっても，馬防柵と壕と2〜3倍の兵力があれば勝てなくても負けることはない。

・戦いになれていない足軽が中心になるからだ。

4．火縄銃の欠点

当時の鉄砲・火縄銃には欠点がありました。だから，こうした使い方をされなかったとも言われています。さて，火縄銃の欠点とは。

・爆発することがある？
・うってから，次にうつまで時間がかかる。

火縄銃は，火薬と弾丸を銃口からつめます。これを玉づめといいますが，名人で15〜20秒，ふつうの足軽だと30秒かかりました。武田の騎馬兵が連子川のところにまでくるのには，20秒かかったそうです。

・それじゃあ，一発うったら，玉づめしている間に騎馬兵が来てしまう。
・武田軍の勝ちだ！

そこで，信長はある工夫をしました。どういうことでしょう。

・隊を3つに分けて，順番でうった。 ・続けてうてる。 ・10秒ごとに1000丁でうてる。 ・数が多くないとできないよ。	有名な話なので知っている子がいることが予想される。

・20秒かかる騎馬兵はよってこれない。
・どうして，武田軍は，鉄砲に突っ込んでいったの？　無茶だ！

実は，火縄銃の欠点はもう１つありました。本当は，こちらのほうが大きな問題なのです。さて，火縄銃の最大の欠点は。

・火縄銃は，数が少ない。
・日本で作れたの？
・値段が高い？
・お金がかかること。

値段が高く，集めるのにお金がかかることです。
①小型の６匁(もんめ)玉銃＝米９石　１石６万円として，６万円×９＝54万円
　　54万円×3000丁＝16億2000万円
②30匁尼銃＝米40石　６万円×40＝240万円
　　240万円×3000丁＝72億円
信長は，これだけのお金をどうやって集めたのでしょうか。
これについては，次の時間に考えていきますね。

信長の活用した鉄砲を足軽にもたせ，それを戦いの主力部隊にするという戦い方は，この後どんどん広がっていきました。信長がそれまでの戦いのルールを破って新しいルールをつくったといっていいでしょう。

5．戦のルール

長篠の戦いは，1575年５月21日，午前６時に始まりました。この日の天気は，晴れだったでしょうか，雨だったでしょうか。

・天気が関係あるの？
・雨だったら火縄銃の火が消えてしまうから，晴れだった。
・図には煙みたいのがある。鉄砲のかな。
・織田・徳川軍は，ラッキーだった。
・武田軍は，雨の日に戦えばよかったのに。

雨が降ったとしても，武田軍が勝ったはずなのです。

・火縄銃は使えないよ。
・柵を越えて一気に攻めてくる。
・武田の騎馬隊は日本一だから，鉄砲が使えないと信長は負けてしまうはず。

> 　当時の合戦は,「雨天順延」だったのです。だから,雨が降ったら翌日に延ばすわけだから,どっちみち織田軍が勝ったのです。

- ・えええ。　　・そんなの,戦争じゃないみたい。
- ・ルールを破る人はいなかったのですか。
- ○ルール破りの名人がいたのです。織田信長です。

6．桶狭間の戦い

> 1560年の桶狭間の戦いは,誰と誰の戦いでしたか。

- ・今川義元と織田信長です。
- ・今川軍は,4万人。
- ・織田軍は,2000人といわれています。
- ・圧倒的に今川が有利。
- ○勝ったのはどちらですか。
- ・織田信長です。

7．戦のルール破り

> 桶狭間の戦い,このときの天気は。

- ・雨だった？　　・やっちゃった！
- ○昼頃に視界をさえぎるほどの豪雨になり,これに乗じて織田軍は兵を進め,雨がやんだ直後に奇襲をかけました。「雨天順延」の常識を破り,信長は,今川義元を襲って倒したのです。
- ・でも,変なルール。
- ○しかも,このとき,雨天順延ということで,義元は茶会を開いていたのではないかという話さえあります。

> 茶室の中にも武士のルールがありました。どういうルールでしょう。

- ・茶室の中では戦ってはいけない。
- ・刀を持って入ってはいけない。
- ○便所に入るときも,寝るときも刀をはなさなかった戦国武将も,茶室の中には刀なしで入ったのです。
- ・そこでやられたとしたら,最悪だあ。

> 　もし,長篠の戦いの日が雨で,火縄銃が使えなかったとしても,また,途中から雨になったとしても,馬防柵と壕と2～3倍の兵力があれば織田・徳川軍が勝てなくても負けることはなかったはずといわれています。

- ・だから,武田軍は鉄砲に向かって突っ込んでいったのかあ。
- ・信長は,ずるいというか,頭がいいというか。
- ・信玄がいたら,こんな戦い方をしなかっただろうなあ。

この田は，上田・中田・下田・下下田？

18 1枚の絵から　6年単元：安土・桃山時代　所要時間45分

【ネタ　検地の絵1枚で授業を】

　検地の絵を提示し，次のように発問する。
　「上田・中田・下田・下下田のどれでしょうか？」
　何を基準として考えるか。なぜ，そこまでしなければいけなかったのか。なぜ，それができたのか。幅の広い「はてな？」が生まれます。

（『有田式指導案と授業のネタ7』明治図書）

　検地についての興味・関心を深め，調べてみようという意識を高めるために，1枚の検地の絵からできるだけ多くの「はてな？」を引き出します。

【授業のポイント】

　答えを教えるというのではなく，「はてな？」を導き，思考過程を鍛えることを目標にしています。わかる楽しさ・考える面白さ。それは，授業者にとっても同じことです。

上山ひろ志『社会科資料集6年』正進社刊より

【指導案】　所要時間：45分間

学習活動	主な発問（○）予想される児童の反応（・）	指導上の留意点
1．検地の絵から		検地の絵を提示する。
	この絵は，何をあらわしているでしょうか。	
	・検地　・土地の広さを測って年貢を決める。 ・土地のよしあしで作物のとれ高が決まるから広さだけではない。 ・年貢の割当を決めるため，幕府や大名が行った土地の調査で，田畑の面積を測り，等級を決め，米のとれ高をわり出した。	国語辞典など持っている資料をもとに発表させる。
	何時代のことでしょうか。	
	・安土桃山時代	
	誰がしたのでしょうか。	
	・秀吉。　・豊臣秀吉。 ○この中に秀吉がいますか？　どこに？ ・秀吉は大坂城にいる。 ・秀吉は命令したの。	大坂城完成1583年 検地開始1582年 （1584年説もあり）
2．ノートに書く		
	この絵を見て，「はてな？」と思うことを3つ以上見つけて，ノートに書きましょう。	
		隣近所の人と自由に相談するように机間巡視を通して導く。
3．見つけた「はてな？」を発表する		
	見つけた「はてな？」を発表してください。	
	・どうして，土地を測るのか。 ・何で測ったか。　・正確に測れたのか。 ・面積の出し方は，そのときからあったのか。 ・棒みたいな物は何か。 ・どんな人がこのようなことをしたのか。なぜ	素朴な「はてな？」を引き出すことをねらう。

・しなければならなかったのか。
・持っているものの単位は1cmか。
○これ，すばらしい。単位は一体何か？
・面積を測っている。
・どうして，棒の先に布みたいなものをつけているのか。
○この棒の先は，全部同じでしょうか。
・3つは同じだけど，右のほうにはない。
・測っている途中なのかもしれない。
・川の近くだから良い土地なのではないかな。
・何県のものか。　　・左下の4人は何しているのか。
・測られる側の人，農民じゃないの。
・少しでも狭く測ってほしい。
・間違って広く測られたら困るから。
・棒をどこにさすかでだいぶ違ってくるようだ。
・ずっと広い面積での年貢を払わされることになる。
・毎年したのかな。　　・田んぼと畑と，両方するのか。
・この季節は？　　・稲刈り後の秋から冬。

4．検地：田の質

> この検地をしている田んぼは，「上田・中田・下田・下下田」のどれでしょうか。

○田んぼは，じょうでん・ちゅうでん・げでん・げげでん，と分けられて，上田が一番質がいいの。下下田ていうのが一番質が悪くて，とれ高が少ないの。
　年貢は，上田1石5斗，中田1石3斗，下田1石1斗，下下田は検地担当者の裁量によるものとされました（後に9斗）。1石は下位単位では10斗にあたり，同じく100升，1,000合に相当します。

発言	補足
・田んぼの形がいいから上田。 ・1つの田んぼにたくさんの人が集まって調べているから上田。 ・稲かぶが少ないから下下田。上田だとびっしり稲かぶがあると思う。 ・川の近くだから，上田。　・広いから上田。 ・栄養が大切だから広さではないと思う。	授業後の追究を導くため，答えは教えない。正解は，平地で形も整っていて，稲のかぶもきちんと残っているので，上田か中田ではないかと

			いえます。
5．秀吉の意気込み			
	検地に反対した人々に対して，秀吉が出した命令とはどれでしょう？ ①「よく話して聞かせ納得させろ」 ②「城主なら城に追い込んで切れ。百姓なら村中の者すべてをなで切りにしてしまえ」 ③「激しく抵抗するところは，無理に測量することはない。あとでゆっくりやればよい」		
		○検地奉行の浅野長政に送った手紙から，正解は②です。 ・そんなに大きなことなの。	
6．検地の人数			
	検地は何人くらいが１グループになって行ったでしょう。		
		・絵の人数くらい。 ・いつもこんなにいたら全国なんかできないから，もっと少ない。	
		○太閤検地の場合，１つの検地に対して，奉行３人，下人７人，下役人13人，全部で23人で行っていました（近江国志那村庄屋宛長束正家下知状による）。検地奉行も石田三成など，そうそうたるメンバーでした。	
7．名前を書くということ		○検地をしたら検地帳というものに，土地の広さ，上田とか中田とかの質，それから作る人の名前を書きました。その名前は，この土地の持ち主……。 ・地主 ○そうです。地主ね。そして，土地を借りて実際に作っている人 ・耕作者　　・小作人	
	検地帳に名前を書かれた人は，地主でしょうか。土地の耕作者でしょうか。		
		・耕作者の名前を検地帳に登録し，農民を縛りつけたと書いてあります。 ○耕作者の名前ですね。 ・地主。作っている人を書いたら，地主が意味がなくなる。 ○地主の名前ですね。実は，検地帳に記載されたのは，耕作者→所有者→年貢納入者，でした。「一地一役人」の原則といって，検地帳には１人しか記載されない原則でした。	

	○ここに名前が書かれることによって，もう農民ということに決まりました。書かれなかった人は？ ・町人や武士になる。　・身分が分かれた。 ○検地帳は，身分をはっきりするための役目もしていたのですね。

8．検地を受ける農民

> この絵の中に，大事な要素が1つぬけています。それは，何でしょうか？

- 測る人と測られる人。
- けんかになったときに止める人がいる。
- ○どういうけんか？
- 狭く測ってほしい農民と，広く測りたい検地をする人とのけんか。
- 農民を押さえる人がいたはず。
- 武士がいるはず。
- 刀狩り（1588年）が行われているから農民には武器がないけど，人数が多いから，武器を持った武士がいたはず。

9．誰が幸せか

> 農民は，検地によって幸せになったでしょうか。

・絶対年貢をとられるから，嫌。 ・逃げていくことができない。 ・自分の土地と認められたのだから，そういう意味では幸せ。 ・全国で行ったのだから，行う側の人にとっていいことがあるから行ったので，秀吉にとっては幸せ。	いろんな立場から検地について捉えさせる。士農工商の土台が築かれつつあることに気づかせる。

- そんなにいいことだったら，どうして今までしてこなかったのか。
- ○大名にとっては？
- しっかり年貢がとれるからよかったのでは。
- 自分の国のことを調べて秀吉に知られるのは嫌だと思う。
- 秀吉だからできた。文句が言えない。
- それだけ力があった証拠。
- 結局，農民を押さえつけるための方法。
- 刀狩りと同じだ。

【参考資料】『授業に使える「面白小話集」』，『子どもが調べて考える　ナゾ解き型社会科発問ワーク』明治図書

19 背中の旗は何のため

邪魔だけど，大切なもの　　6年単元：安土・桃山時代　　所要時間15分

【ネタ　背中の旗は何のため】

　どう見ても戦いにくいと思われる背中の旗。
　お祭りのようにたくさん立てた旗。
　これらにどんな意味があったのでしょうか。
　誰のためにあったのでしょうか。
　相手を倒すために戦っているように見える合戦図の中の武将が，ほうびのために旗を立てているなんて，不思議な世界です。

　　　　　　　　　　　（『授業のネタ社会3　高学年』日本書籍，
　　　　　　　　　　　「社会科授業に使える面白クイズ」明治図書）

旗を背負っているだけの武士

【授業のポイント】

　戦いの最中に勤務評定が行われていたなんて。
　旗の役目が見えてくると，武士の存在も大変だったのだなと思えてきます。時代と共に変わってきた戦い方の変化，家紋・馬印・旗印などの存在は，歴史を捉える目を広げていきます。

【指導案】　所要時間：15分間

学習活動	主な発問（○）予想される児童の反応（・）	指導上の留意点
1．長篠合戦図屏風から		長篠合戦図屏風を見る（教科書）。
	長篠の戦いの絵の中で，一番目立つのは何ですか。	
	・人 ・馬 ・鉄砲 ・旗	
	この中で，戦いに別になくてもよさそうなものは何でしょう。	
	・旗かな。 ・武器にならないし，かぶとみたいに守りにも役に立たない。 ・むしろ邪魔じゃないのかな。 ・背中や腰にも旗をつけている。 ・戦いにくい。 ・旗しか持っていない人もいる。	
2．旗の役目		
	旗は，何のためにあるのでしょう。	
	・味方と敵を見分けるため。 ・人の数を多く見せるため。 ・長くて邪魔にならないのかな。 ・長いほうがいいのかな。	
3．軍目付の存在		
	この高いところに，軍目付という人が立って，戦いぶりを見ているのです。	
	・なぜ，前で見ないの？ ・前に立っていたら戦いの中で見ていることなんかできない。 ・前では全体が見えない。 ・見て何をするの？ ・成績をつけるんだ。誰ががんばったか。 ・遠いから旗がないと目立たないんだ。	図屏風の両脇の小高い山に軍目付らしい武士の絵を貼る。

	・だから，長いのか！ ・旗が活躍を表している。
	軍目付は，戦の最中に軍全体がしっかりと機能しているかを監視し，戦いの様子を評価して，メモしておきます。進んで戦闘に参加はしません。戦いが終わったら，大将に報告し，働きに応じてほうびが出されます。上士といわれる身分の高い武士が旗を立て，軍目付に戦いぶりがよく見えるようにしたのです。
	・背中の旗は，自分の軍の大将のため。 ・戦いで負けそうになって逃げるときに，それまで持っていた旗を踏んづけて逃げている武士がいた。 ・勝ったときに必要なもので，負けたときには，持っていたら殺されちゃう。
白旗で有名なのは？　赤旗で有名なのは？	
	・白旗が源氏。 ・赤旗は平家。

4．戦い方の違い

平安時代の終わり頃の源平合戦前までの武士たちは，旗などは大将のところにしか立てていませんでした。どうして増えてきたのでしょうか。	
	・昔は一騎打ちなどで，目の前ですぐに結果がわかったからいらなかった。 ・戦国時代になって，戦いが多くなったから。 ・戦う兵士の数が多くなって誰が活躍したのか目立たなくなった。 ・手柄を見てほしいから。 ・目立ってほうびをたくさんほしいから。 ・武士の世界も大変だったんだ！

【参考】軍勢の大将が自分の居場所を表す印を馬印と言いました。左から豊臣秀吉，徳川家康，織田信長の馬印です。長篠合戦図屏風だけでなく，他の屏風からも見つけることができます。

20 農民の合戦アルバイト

見物後にちゃっかり副収入　　6年単元：安土・桃山時代　　所要時間20分

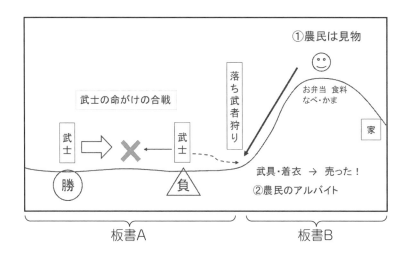

【ネタ　農民は合戦を見物していた】

　命がけで戦う武士同士の合戦。

　農民はその戦いをピクニック気分でお弁当を持って見物していたのです。その後，しっかりアルバイトもしていました。

　税を取り立てられ，いつも一方的に武士の下に置かれていたかに見られる当時の農民にもこうした一面があったということに驚かされます。

　歴史の教科書は，武将や貴族などが中心となっています。

　表舞台に登場することは少なくても，しっかり社会の中に存在し，役割をはたしていたことがわかります。

『授業のネタ社会3　高学年』日本書籍，
『社会科授業に使える面白クイズ』明治図書）

【授業のポイント】

　武士中心の歴史が当たり前になってしまう歴史の中で，農民のたくましさ，武士と農民との間の隠れたルールを知り，歴史を捉える視点が広がります。

【指導案】　所要時間：20分間

学習活動	主な発問（○）予想される児童の反応（・）	指導上の留意点
1．長篠合戦図屏風から	○長篠の戦いの絵を見ても，農民はいません。	長篠合戦図屏風を見る（教科書）。
	このとき，農民たちはどうしていたのでしょう。	
	・戦いの場所から逃げていた。 ・仕事にならないので家の中にいた。 ・近くにいたら一緒に殺されるかもしれない。	
2．ルールがあった		
	この当時には，あるルールがあったのです。武士たちの農民に対してのルールです。どういうものだったと思いますか？	
〈ルール①〉	・農民は戦いに参加してはいけない。 ・農民は殺さない。	
	「非戦闘員は殺さない」というルールがあったのです。	
	・農民を殺したら，新しい土地をとっても，田んぼで仕事をする人がいなくなる。 ・殺したりすると後で殿様の言うことを聞かなくなる。 ・酷いことをすると，一揆になったりする。	
	戦いの邪魔をしなければ殺されないとしたら，何をしていたでしょう。みんなら，どこで何をしていたいですか。	
	・田畑の仕事ができないから休んでいる。 ・戦うところを見ていたい。 ・どっちが勝つか。 ・次の殿様が誰になるか見ていたい。 ・戦いが見やすいところ。山の上から。	平地で戦う武士【板書A】を描く。
3．見物の持ち物		
	農民たちは，殺されないのだから逃げないで山の上で戦いを見ていました。さあ，持ち物は何でしょう。	
	・万が一のための武器。 ・お弁当？　・そんなのあり？ ○戦いは，すぐに決着するとは限りません。	山の上で見物する農民【板書B】を描く。

	・食料
	・まさか，なべやかま。
	・命をかけて戦っているのを料理をしながら見ていたの？
	・戦いの見物だ。　・芝居見物みたいだ。
	農民たちは，3，4日分の食料と，なべやかまなどをもって，山などの戦争のじゃまにならないところ，しかも，安全なところへ行って，おにぎりなどをつくり，それを食べながら合戦見物をしていたのです。

4．農民のアルバイト

農民たちは，ただ見物していただけではなく，その後にアルバイトをしていました。合戦後のアルバイトとは？

	・勝ったほうにおにぎりなどの食料を売る。
	・ただであげて，その後の税をまけてもらう。
	・直接会うのは危ない。
	・負けて死んだ武士から刀をとる。
	・それだったら危なくないかも。
	・だったら，高いかぶとがいい。
	・鎧もいい。
	・それを売るアルバイト。
〈ルール②〉	合戦が終わると，農民たちは一目散に山をかけおり，死んだ武将やけが人，敗者などの武具・着衣をはぎとって家へ持ち帰り，その後，それを売ったのです。落武者狩りと言われていました。 　「農民は負けた側の兵を襲ってもいい」という古来からの暗黙のルールがあったのです。これは敗者の残党を減らす役割があり，多額の懸賞金をかけてまでも，逃げ遅れた敗将を捕らえたり，殺したりさせたのです。合戦の後に行われた農民の落武者狩りで，明智光秀や小西行長らがその手にかかりました。

それでは，合戦中に農民たちはどこを見ていたのでしょう。

	・アルバイトのために，武士がどこでやられたかを見ている。
	・一番高そうな鎧やかぶとをつけた人がどこに逃げて，どうなったか。
	・誰よりも速くそこに行くための道順などを考えている。
	・農民は，いつも武士から我慢させられているけど，何かとても面白い。

21 一寸法師のモデルは誰か?

「知識の習得」から「知識の活用」へ　6年単元：安土・桃山時代　所要時間45分

―【ネタ 「一寸法師」から自由に思いをめぐらす】―

　一寸法師を通して，戦国時代の下剋上の世の中の様子を追究させようとしたのである。……もっと自由に思いをめぐらすことが歴史の学習には必要であると考えたのである。

有田和正著『有田式指導案と授業のネタ7』明治図書　から

「モデルはだれか」と考えさせることで，歴史全体の捉え直しを行わせ，そして自分なりの考えをしっかり育てていきます。

（『有田式指導案と授業のネタ7』明治図書，
『授業のネタ社会3　高学年』日本書籍）

【授業のポイント】

　2020年以降の中教審の目指す教育改革である「知識の習得」から「知識の活用」へ，「正解のない『問い』」の意義は，有田式の中で，こうした学習で実証されていました。

モデルはだれか？

一寸法師

<小さい体>
力が弱い
身分が低い
まずしい

ねがい →

<都へのぼる>
強い力（武力）
高い位（地位）
金もうけ（経済力）

<鬼退治>
悪人をやっつける
戦いに勝つ
手柄をたてる

ねがいの実現

<姫を嫁にする>
天下をとる
出世した
身分が高くなった

「下克上」の世の中　戦国時代
同じねがいの人々　武士　殿様　農民　商人　職人

〈4つの場面〉

① 〈小さな体〉

② 〈都へのぼる〉

③ 〈鬼退治〉

④ 〈姫を嫁にする〉

【指導案】 所要時間：45分間

学習活動	主な発問（○）予想される児童の反応（・）	指導上の留意点
1．一寸法師について	○今日は一寸法師の勉強をします。 ・知ってる。 ○まず、歌を聞いてください。	一寸法師の歌を流す。
	あらすじを話せる人はいますか。	
2．4つの場面	・小さい一寸法師が針の剣とおわんの舟をもって鬼を倒した話。	あらすじを確認する。 絵本を読んでもいい。
	今の話を大きく分けると、4つの場面になります。どんな順番に並べたらよいでしょう。	4枚の絵を提示する。

Ⅱ　6年：有田式で書く社会科指導案

	・こうかな。 ・それは，こっち。	実際に並べさせる。
この4枚の絵に小見出しをつけてください。		
	・【①】小さい体 ・【②】都へのぼる ・【③】鬼退治 ・【④】姫を嫁にする ○一寸というのは約3cmです。3cmって，どのくらい。 ・このくらい。 ・そんなに小さな人間はいない。 ○いないね。すると，	小見出しをつけさせることによって話の筋をしっかり把握させる。 【小見出しを板書】
「小さい」ということはどんなことを表しているのでしょう。		絵【①】
	・力が弱いということ。 ・身分が低い。 ・貧しいということ。 ・経済力がない。	ここでのイメージづくりが大切。
一寸法師は，どんな願いをもって都へのぼったのでしょうか。		絵【②】
	・名をあげたい。 ・大きな仕事をしたい。 ・金もうけ。 ・高い位につくこと。 ・強い力をもつこと。	
鬼退治は何を表しているのでしょうか。		絵【③】
	・悪人をやっつける。 ・戦いに勝つ。 ・武力が強くなったことを表している。 ・手柄をたてるということ。	
最後に，姫を嫁にしました。これは，どういうことを表しているのでしょうか。		絵【④】
	・出世した。 ・地位が上がったということ。 ・身分が高くなった。 ・天下を取った。	

	・願いが実現したということ。	
一寸法師の願いは，一寸法師だけのものでしょうか。 同じ願いをもっている人がいたとしたら，どんな人たちでしょうか。		
	・位の低い武士の願い。 ・小さな藩の殿様の願い。 ・ずっと我慢させられてきた農民の願い。 ・商人の願い。 ・見習いの職人の願い。	いろんな人々の願いが込められていることに気づかせる。

3．下克上

これは，小さな体の一寸法師が姫を嫁にするまで大きく出世したお話です。このように位の低い人が天下をとるようになることを，あることばで表すのですが，どういうことばでしょうか。	
・「下剋上」 ・そう。	
下剋上とは，何時代のことでしょう？	
・戦いの多かった時代。　・戦国時代といいます。 ・一寸法師は，戦国時代のことを表していたのか。	

4．一寸法師のモデル

一寸法師のモデルは誰だと思いますか。	
・モデルがあったの？ ・戦国時代の秀吉かな。 ・家康だ。　・信長だと思う。 ・明智光秀かな。	調べ学習へと導いていく。
下克上のようなことができたのは，戦国時代だけでしょうか。	
・ひっくりかえしたのは，ほかにもある。 ・幕府を倒した西郷隆盛。 ・平家を倒した源頼朝。 ・開国した後の日本。 ・お店なんか今でも下克上。すぐ新しいのが出てきて変わっちゃう。 ・野球の日本シリーズ。 ・選挙なんかもそうだと思う ・そう考えたら，いくらでもありそう。	

22

本当の威力は「？」　　6年単元：安土・桃山時代　　所要時間15分

鉄砲・大砲の弾を竹と幕で防いだ？

【ネタ　見ていても疑ったことがない事実】

テレビなどで目にするのは竹を束にした「竹束」ですが，あれで本当に鉄砲や大砲が防げていたのでしょうか。そうした考えたことはないままあたり前になってしまっていることに気づかされるネタです。

（『社会科クイズ面白事典下巻』明治図書）

【授業のポイント】

ともかく驚かされるネタです。子どもたちも当然驚きの世界へ入っていきます。

【指導案】　所要時間：15分間

学習活動	主な発問（○）予想される児童の反応（・）	指導上の留意点
1．鉄砲の伝来	○1543（天文12）年，種子島に鉄砲が伝わりました。	
	この鉄砲を日本の種子島に伝えたのは，どこの国の人でしょう。 ①イギリス　②中国　③ポルトガル　④オランダ	
2．種子島の位置	・教科書の○○ページ。 ・ポルトガル人です。	教科書などで確認する子をほめながら導いていく。
	種子島は何県ですか。	
	・鹿児島県。	地図帳で確認させる
3．戦争の変化	鉄砲が伝わった頃，日本の刀つくりの技術は最高ともいわれるところまで進んでいました。つまり，鉄を鍛えて刀にする技術が高度に発達していたのです。そこで，この鉄を鍛える技術をすぐに鉄砲つくりに応用しました。このため，短期間に鉄砲つくりをマスターし，大量生産できるようになってきたのです。	

鉄砲の発明によって日本の戦争の仕方だけでなく，世界の戦争の仕方が変わってきました。1つは，戦いにおける戦術の変化です。

・織田信長が長篠の戦いで3000丁の鉄砲を使って武田軍を破った。
○これまでの騎馬中心の戦い（個人戦）から，鉄砲足軽を中心としたら集団戦法へと大きく変化したのです。

　もう1つは，築上術の変化です。城のつくり方の変化です。

・鉄砲に備えたつくり。　・石垣が使われた。 ・鉄砲を打つための穴が作られた。	正誤は問わず，様々な考えを発表させる。

4．鉄砲の弾を防ぐ方法

　鉄砲が伝わって広がり出した頃，鉄砲弾を防ぐ方法がいろいろ考え出されました。次のどの方法が一般的な防ぎ方だったでしょう。
　①厚い板で防いだ。
　②竹を何本かたばねて，竹のスベリで防いだ。
　③鉄の盾をつくり，これで防いだ。
　④有効距離が短かったので，有効距離外へ走って逃げた。

・鉄だったら大丈夫。
・ものすごく厚かったら板でも大丈夫かな。
・竹の束を持っているのをテレビで見た。

　竹を数本たばねて，それをもって防ぎました。弾は丸い鉛なので，竹にあたってスルリと横へそれたといいます。

5．大砲の弾を防ぐ方法

　大坂冬の陣で，家康は，大坂城を攻め落とすのに大砲を使いました。豊臣方はこれを防ぐのにとった方法は？
　①城壁に大きな竹をたくさん並べて防いだ。
　②鉄砲で砲弾をうちかえした。
　③幕をはって弾を防いだ。
　④魚をとる網を城壁にはりめぐらせて砲弾をつかまえた。

・どれも無理だと思います。　・大砲の弾は防げない。

　当時の弾は丸く，飛んでいくのが見えたといいます。炸裂弾ではなかったので，命中しない限りそれほど恐ろしいものではありませんでした。家康が使った大砲は，口径が33mm，約200gの鉛弾を1,500〜1,600mとばすものが中心でした。大坂城の豊臣方は，弾のとんでくる方向に大きな幕をはり，弾の破壊力を弱めることに成功したのです。そんなに威力のある大砲ではなかったようです。正解は③です。
　口径が93mm，4kgの弾をうつ大砲や，15kg，20kgの弾をうち出す大砲を，イギリス，オランダから購入して使いました。この砲撃は，屋根や壁をやぶり城内を混乱させたといいます。

| ネタの宝庫！ | 6年単元：江戸時代 | 所要時間45分 |

大名行列を解剖してみよう！

【板書】

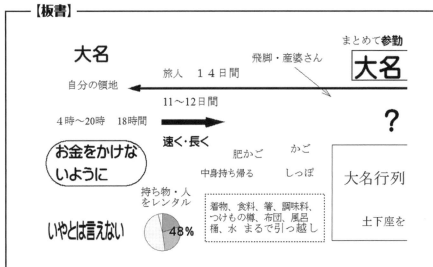

【ネタ ザ・大名行列】

> 大名行列は　ネタの宝庫

　こうとしか語れません。ネタのオンパレードで，まるで，大名行列を解剖するような気持になります。

（『授業のネタ社会3　高学年』日本書籍，
『「考える子ども」を育てる社会科の学習技能』明治図書）

【授業のポイント】

　内容が豊富です。しかし，授業時数には限りがあります。

　そこで，すべての発問を行うというのではなく，子どもの関心・つぶやきなどを大切にして，「大名行列を解剖しよう」という気持で必要な発問を取り入れるという形で授業化できればと思います。

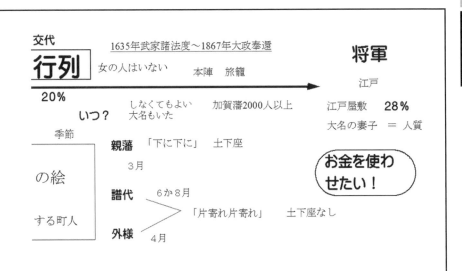

【指導案】 所要時間：45分間　（45分間×2時間でも可能です）

学習活動	主な発問（○）予想される児童の反応（・）	指導上の留意点
1．大名行列の絵を導入として行列に隠された事実を探る	○これは，何の絵でしょう。 ・大名行列です。 ・江戸時代です。 ・参勤交代。	大名行列の絵を掲示する。
	参勤交代？　大名行列？	
	・参勤交代は，大名が自分の妻子を人質として江戸の屋敷に住まわせ，大勢の家来を連れて自分の領地と江戸の間を行き来すること。その時の行列が大名行列です。　【教科書による確認】	
	この絵の季節は，春夏秋冬のいつですか。	
	・葉っぱがあるから夏かな。 ・寒そうな格好をしていないから冬ではない。	
	この大名行列は，親藩・譜代・外様のどの大名ですか。	

		・偉そうだから親藩
		・これだけでわかるの？
	右下にいる3人は，何をしているのですか。	
		・土下座
行列のかけ声	行列をしている人は，このとき，どんなかけ声をかけているのでしょうか。	
	・下に下に
○「下に下に」とかけ声をかけてよかったのは，将軍家と親藩（紀伊・尾張・水戸の御三家）だけです。ということは，この大名行列の絵は，親藩ということになります。
（水戸は一度も大名行列をしていないので，尾張か紀伊です）	
	では，譜代・外様大名は，どんなかけ声をかけたでしょう。
①のいたのいた ②あけろあけろ ③さがれさがれ
④片寄れ片寄れ ⑤じゃまだじゃまだ ⑥ひかえろひかえろ	
	○正解は，④の「片寄れ片寄れ」です。道のはしっこに片寄れば，土下座をしなくてもよかったのです。	
	どうして譜代・外様には「片寄れ片寄れ」というかけ声をかけさせたのでしょう。	
	・土下座をしなくてもいいなら楽だ。
・差別するため。
・親藩は偉いんだぞって。	
	18〜19世紀の前半，東海道を1年間にどのくらいの人が通ったと思いますか。	
	○1年に200万人，1日に5000〜6000人になります。8時間くらい歩いたと計算すると，東海道には1分間に11〜12人，30mに1人の人が歩いていたことになります。これが土下座していたら交通渋滞になります。
・だから，親藩だけなんだ。	
入り鉄砲と出女	大名行列の中に，女の人がいたでしょうか。	
	・いなかった。
・「入り鉄砲と出女」と言って，江戸に鉄砲をもちこむことや，人質となっている大名の妻などが江戸をぬけ出すことがないように厳しくとりしまられていたから。	

かごかきのしっぽ	大名のかごかきは，こしからヒモをたらしていました。おもしろい格好でしょう。どうしてだと思いますか。
	○大名にはお尻を向けてはいけません。しかし，かごかきはお尻を向けないではかごをかけません。牛や馬ならしかたがないというので，かごかきにヒモをたらしてしっぽのかわりにさせ，牛や馬などの動物にみたてたのです。 ・変な理由だ。
大名同士が出会ったら	大名行列と大名行列がぶつかったらどうでしょうか。
	・格下の大名がよけておく。
	大名の格の上下は何でわかるでしょう。
	・印 ・家紋
	同格の大名同士だったら，どうしたでしょう。
	・どちらもよけないで，すれちがう。 ○そう，そのとき大名はかごから足を少し出して挨拶がわりにしました。
行列の前を横切ったら	○大名行列の前を横切ったら？ ・切り捨て御免といって，その場で切られた。
	大名行列を横切ってもよい職業の人がいました。どんな職業の人でしょう。
	・飛脚の人。 ○産婆さんもです。江戸時代も人名は大切にされていたのです。
行列のスピード	大名行列のスピードは，普通の旅人より速かったでしょうか。それとも，遅かったでしょうか。
	・下に下になんて言って歩いていたら遅くなるから絶対に大名行列のほうが遅い。
	江戸と京都の間は，普通の旅人は平均14日間で歩きました。大名行列は，　①11日　②14日　③17日　どれ。
	・③では…。 ○大名行列は，11～12日で歩いています。午前4時から午後8時まで1日18時間も走るように歩いて距離をかせいだのです。

Ⅱ　6年：有田式で書く社会科指導案　109

	どうして，そんなに歩いたのでしょう。	
	・速く着くほうが格好よかったから。 ・費用の節約のため。 ○そう，お金をかけないための工夫です。	
行列中のトイレ	行列中に殿様がトイレに行きたくなったら，どうしたでしょうか。	
	・幕を張って，臨時のトイレを作った。 ・トイレのあるところまで急いでいって，そこで。 ・たれ流して進む。 ・「厠かご」があって，殿様のかごにドッキングして，殿様は厠かごに乗り移ってトイレする。その間もかごはドッキングしたまま同じスピードで進む。 ・そこまでして急いで経費を節約するのか。	この手の問いは子どもの発言を活発にする。参考書等で探した子に発表させる。大名行列の絵などで厠かごを探させる。
宿泊先	大名行列のとき，大名（殿様）はどこに泊まりましたか。	
	・旅館 ・普通の人が泊まれないところ。	
	○大名がとまる旅館のことを「本陣」と言って，東海道五十三次には111の本陣がありました。本陣に泊まれる資格があるのは，勅使，院使，親王，門跡，公卿，大臣，旗本でした。本陣不足の場合のため，脇本陣もありました。これが東海道には73ありました。	
宿泊費	大名の宿泊費は，普通の旅人の何倍くらいだったでしょう。	
	・2倍 ・5倍くらい	
	○何と「無料」でした。ただし実際は「祝儀」の名で，3～5両支払っていました。そうしないとサービスが悪くなるからだそうです。 ・家来たちはどこに泊まったのですか。 ・ふつうの旅館（旅籠）に泊まったんじゃない。 ○旅籠が足りないときは，民宿に泊まりました。 ・そのほうが安いからいいんじゃないの。	

行列の持ち物	大名行列には，どんなものを持っていったでしょう？
	・衣類，下着くらい　　・食料 ・膳，箸，椀，調味料，つけもの樽と書いてあります。 ・布団もだって。　　　・風呂桶，水もだって。 ・まるで引っ越しみたい！ ・持って行く人もいるから大変だ。 ○参勤交代は「軍旅」で，単なる武士の移動ではありません。お殿様を移動させる行列です。お殿様の身に何かあれば御家断絶となります。藩主が宿から出される食事をとらず，国許から持って行った物を同行した専用の料理人につくらせ，毒殺を防いだりしていました。携帯トイレも必需品で，道中だけでなく，宿についたあとも使用しました。藩主の排泄物は道中では捨てず，江戸まで（国許まで）持ち運び続けたそうです。護衛の武士で大人数となるのは当然で，何かあれば，すぐさま戦闘状態に入れるように隊列を組んだ行列だったのです。
節約方法	大名は，費用節約のために他にどんなことをしていたでしょう。
	・たくさんの荷物を持っていかないようにする。 ・現地で借りる。 ○行列の持ち物や行列の人をレンタルですませていたのです。
	佐賀鍋島藩の例 ①藩内は，百姓を足軽・中間（ちゅうげん）として，武家奉公人の格好をさせて，供の行列に加え，威風堂々と進みます。 ②隣の領地との境に来ると，百姓はすべて帰してしまいます。 ③必要最小限の人数で江戸まで行きます。 ④江戸に入る直前に人足を雇い，道具を借りて行列の威儀を正して江戸藩邸に向かいます。
隊の整列	大名行列は，いつもきちんと並んでいませんでした。きちんと並んでかけ声をかけながら行列したのは，どういうところでしょう。
	○国元の城下と領地境 ○宿場へ入るときと出発のとき ○江戸に入るとき（江戸を出発するとき）

	あとは，バラバラで格好いいものではなかったらしいです。
行列を行う時期	大名行列は，いつ行っていたのでしょうか。
	・雪の多いところは，春など季節のいい時期。 ・桜が咲いているときがいい。 ・途中で観光などできたのかな？ ・みんなが一斉に行ったら混み合うから，決まっていた。 ・幕府が決めていたと思う。
	親藩・譜代・外様は，それぞれ何月に大名行列をしたのでしょうか。
	○親藩＝3月　外様＝4月　譜代＝6月か8月 　日程，通る道まで決められていました。西国の大名が途中で天皇がいる「京都」へ立ち寄ることは許されませんでした。 　さらに，石高によって行列の人数まで決められていました。 1万石……騎馬3〜4騎，足軽20人，中間人足30人 10万石……騎馬10騎，足軽80人，中間人足140人 20万石……騎馬15〜20騎，足軽120〜130人，中間人足250〜300人 　加賀百万石になると，2000人以上のときもありました。
大名行列の例外	大名行列をしなくてもよかった大名はいたでしょうか。
	○親藩の水戸藩は，常時江戸詰めでした。尾張・紀伊の半分の領地しかなかったことも理由の1つです。 　他には譜代の小大名（1万〜3万5000石程度）で23の大名も。 　対馬の宗氏は3年一度の江戸詰め。関東の大名は半年交代（2月と8月）。松前氏は5年に一度でよかったのです。
大名の本音	1年ごとに江戸と国元を往復するのは大変です。大名は，どうして「嫌だ」と言わなかったのですか。
	・そんなことを言ったら藩をつぶされてしまう。 ・文句は言えない。
幕府の目的	大名行列をさせる幕府側の目的は，何だったと思いますか。
	・大名にお金を使わせること。

	・力を蓄えられないようにして，逆らえないようにすること。 ・1655年の佐賀鍋島藩の記録に，収入のうち国元の費用48%，江戸への参勤交代の費用が20%，江戸屋敷の費用が28%，その他大坂での費用が4%くらいかかったとあります。収入のうち48%が参勤交代にかかるお金になっています。
お土産代	前田藩では，大名行列に表むきでは4億5000万円かけていました。しかし，実際は，9億円かけていました。あとの4億5000万円は何に使ったのでしょう。
	・お土産代
	誰へのお土産。
	・将軍様 ○国元の物産・名品などを将軍に献上しました。8代将軍の頃までは，白銀500枚，八講布20疋，染手綱20筋を献上したそうです。将軍の御台所（奥様），将軍の世継ぎ，さらに老中や将軍側近の側衆にも金品が贈られていたのです。
	この費用のツケは，どこへまわしたでしょう。
	・農民への増税
	農民は，だまって増税に応じたでしょうか。
	一揆もしたが，ほとんど増産にはげんだそうです。 ①肥料の工夫（便所の工夫） ②品種改良（米だけで94種類もの新品種をつくり出したという） ③農具の工夫 ④工業技術の進歩
2．大名行列の始めと終わり	大名行列は，いつ頃始まって，いつ頃終わったでしょう。
	○1635年武家諸法度で（改訂）で制度化（家光のとき）。武家諸法度は1615年，秀忠が出したのが最初で，家光のものが有名。1867年に大政奉還が行われ，参勤交代は正式に廃止されました。
	どうしてやめたのかな。
	・大名からの不満が強くなった。 ・幕府が恐くなくなったから。 ・幕府の力が弱くなったから。

ここまで食べる　　6年単元：江戸時代　　所要時間30分

江戸時代の飢饉用非常食のヒミツ

―【ネタ　土蔵の土壁は食べられる】――

　ききんで食べ物がなくなったときの用心に、土壁の中に食料を保存していた。

　それを目的に土蔵をつくったとは思えませんが、実に理にかなっています。そうしたことの積み重ねの上に今の私たちの生活が築かれていると考えると、なんともすごい歴史です。

（有田和正著『面白教科書ゼミナール4』旺文社、
『子どもを歴史好きにする面白小話集下巻』明治図書）

土　蔵

彼岸花

【授業のポイント】

　土蔵の仕組みでさえ，新たに取り上げて説明しないとそのすばらしさはわかりません。エア・コンディショナーになっているのですね。ですが，さすがに「食べられる」ものとして捉えることなどはできません。授業中の子どもたちの驚きの表情が目に浮かびます。

　彼岸花の毒性が，毒であるが故に非常用食料として存在させたことにも，人の生きるためのすばらしい工夫を感じます（実際に食べてみることはお勧めしません）。

【指導案】　所要時間：30分間

学習活動	主な発問（○）予想される児童の反応（・）	指導上の留意点
1．土蔵について		土蔵の絵の提示
これは何の絵でしょうか。		
	・物をしまっておくところ。 ・倉 ・土蔵 ○何で作られていますか。 ・土の壁 ・土だけ？	
土蔵の壁は，どうして土を使ったのでしょう。		
	・土ならどこにでもあった。 ・作りやすい。	
	日本の気候は，気温や湿度の差が大きいため，除湿と加湿を行ってくれるエア・コンディショナーが必要とされています。しかし，昔からそれはありませんでした。そこで考え出されたのが泥や漆喰の壁で，湿度の高いときは湿気をすい，低いときははきだし，部屋の中の湿度を一定に保ってくれるのです。さらには，暗くて光による変質を防いだ。「土蔵」は蔵の中の貯蔵物を長持ちさせる理想的な環境を作り出していたのです。しかも，土蔵は，泥でぬりかためられ，窓が小さいため火事にとても強いのです。	
	・すごいものだ。 ・知らなかった。	

2．土蔵の秘密

　　土蔵には，さらにすごい秘密がかくされていたのです。それは何でしょう。

　　　　・？？？？
　　　　○江戸時代などの農民が恐れたこと。それは，どういうものだったと思いますか。
　　　　・戦争。
　　　　・病気。
　　　　・ききん。
　　　　○その中のどれかのときに活躍します。
　　　　・戦のときに中に隠れる。
　　　　・食べ物がなくなったときに，蔵の中のものを食べる。
　　　　○中の物がなくなったら？
　　　　・食べるものがなくなるから，食べられない。
　　　　・蔵を食べる？
　　　　・土だよ！

　ききんで食べ物がなくなったときの用心に，土壁の中に食料を保存しているのです。

　　　　・？？？？
　　　　・土壁を食べるの？

　　　土壁を作るときに泥と混ぜて3～4cmに切って入れるワラです。ききんになったとき，壁をくずしてワラを水洗いして，そのワラをつぶして汁のようにせんじて，でんぷんをとり，それをのむのです。

　　　土蔵に塗りこんだワラはどのくらい保存できると思いますか。米だと3～4年で栄養価は半減します。モミでもせいぜい10年です。

　　　　・20年くらい。
　　　　・50年。
　　　　・それ以上？
　　　　○土蔵にぬりこんだワラは，100～200年も保存できるのだそうです。しかも，米の7～8％ぐらいのデンプンがあるのです。

3．毒を食べる？　彼岸花の秘密

さらなる非常食は田んぼにある「彼岸花」です。
これをどうすると思います？

・食べるんだろうけど、食べ物なのですか？
・彼岸花の花？
・根っこなんじゃないの。

彼岸花の絵

○田舎の田のあぜや墓地などに咲く彼岸花の球根を食べるのです。
　これには毒があるからさわってはいけないと教えられています。
　彼岸花は球根だから、ふえるのはゆっくりで、10年に1mぐらいしか自分の範囲をひろげることができません。
　彼岸花は、遠く祖先の誰かが、ききんのときのために植えたのでしょう。人のいない山地などには彼岸花は見られません。
　「毒だからさわってはいけない」と言い伝えて、ききんのときまで自然に増えるように工夫していたのでしょうか。
　彼岸花は、球根の部分を食用にするのですが、これには、アルカロイドという毒があるので、このままでは食べられません。
　しかし、アルカロイドは、水にさらすと毒がなくなります。多くのデンプン質が含まれています。非常時において食用とされたこともあります。

4．他の非常用食料

マツの木も非常用食料です。

　マツの木の甘皮も食べられます。甘皮を粉にして一度煮て、上にうかんできたものをとると、デンプンがとれます。これをだんごにして食べるのです。
・何か縄文時代を思い出します。
・おいしいのかな。
・ききんのときは、味は関係ないから。
○芋ガラも非常用食料になります。サトイモのくきをあんで、しきもののようなものをつくって、天井にはっておきます。ききんのときに味噌汁に入れて食べます。
　その他、ダイコンの葉、干しダイコン、干しタケノコなどもあります。いろんな工夫をしてききんを乗り越えてきたのですね。
・保存食の工夫ですね。
・つけ物もそうかなあ。
・土蔵の壁にはびっくりしました。

Ⅱ　6年：有田式で書く社会科指導案

25 家康の江戸の町づくり

知られていないこんなヒミツ　　6年単元：江戸時代　　所要時間45分

【板書】

江戸の人口

1590年	1657年	1788年
2000人	80万人	162万人

世界一の都市

ただで土地をあげた
町人は無税

にぎりずし　江戸前

徳川家康

ゴミで江戸湾に **埋めたて地**

ゴミ

世界一美しい町

そうじ　うち水

【ネタ　江戸の曲線道路は鉄砲対策】

徳川家康に関するたくさんのネタを関連づけてみると、家康の偉大さが見えてきます。教科書だけでは分からない家康像が見えてきます。

（有田和正著『面白教科書ゼミナール4』旺文社，
『子どもを歴史好きにする面白小話集下巻』明治図書）

【授業のポイント】

鉄砲の戦いへの活用・その登場時期が，江戸，そして，東京の町並みをつくりました。これを授業の中で子どもの意見を拾いながら，どのように関連づけていくかがポイントです。

【指導案】　所要時間：45分間

学習活動	主な発問（○）予想される児童の反応（・）	指導上の留意点
1．徳川家康について		
	徳川家康をひと言で表すとどうなりますか。	

```
江戸城                江戸時代の一揆2809件
                        江戸では0件
  「さざえ城」
                 明治維新も                    本能寺の変
  城を中心に町のつ   維新側には参加せず！
  くりを曲線道路                              明智光秀
                                    堺
  鉄砲の弾から守る
                                    摂津佃村
      1つだけ直線道路  甲州街道          の漁師
                 逃げ道
                                                  三河
  今となっては、       江戸へよび、近海漁業権
  何てことを！        魚河岸徳川300年間無税
```

- 信長・秀吉の後に出てきて世の中をとったずるい人。
- たぬきと表されているように，考えをはっきり表さないで陰で何かをしている人。
- 大名からお金をしぼり取って幕府を強くした人。
- 後のことを考えて，しっかりとした人。
- 秀吉との約束を破った卑怯な人。
- 人に厳しい人だと思う。

2．江戸のスタート

> 家康は，秀吉の命令で，1590年三河の地から江戸に行くことになりました。そのとき，江戸の人口は，どのくらいだったでしょうか。
> ①2000人　②1万人　③5万人　④10万人
> ちなみに1575年の堺の人口は7万5,000人と考えてください。

- 堺って都市でしょ。いくらなんでもそれより多い。
- ○何と，家康が江戸に入ったとき（1590年）の江戸の人口は，わずか2000人だったのです。これが，参勤交代が始まったころから人口が急増しました。1657年には，80万人になり世界一の都市になっていたのです。1788年になると，町人や職人などが128万

5,430人。武士が34万人。合計162万6,500人となりました。

3．人口増加にむけて

　　こんなに急に江戸の人口が増えた理由は何だったと思いますか。

　　　　・土地が余っていたから。　・安かったから。
　　　　・幕府が優しかったから。
　　　　○タダで土地を与えたのです。それで，日本全国から人口が流入したのです。

　　幕府は，江戸で暮らす人々を大事にしていたのですね。こんなことまでしていたのです。

　　　　・土地だけでなく，ただで何かをあげた。
　　　　・食べ物かな。　・税金をとらなかった。
　　　　○江戸の町は，基本的には無税でした。町人が幕府に納めるお金は「冥加金（みょうがきん）」といって，町人の組合組織が「商売をさせていただくお礼」ということで納めるお金でした。

4．江戸っ子の食

　　江戸っ子の多くは職人や商人です。大工などは太ったら商売にならないので，軽い食事をしました。江戸の町は，手軽にどこでも食べられるものを売り出しました。どういう食べ物でしょうか。

　　　　・そば　　　・にぎりずし
　　　　○関西では箱ずしや押しずしが主流ですが，江戸では，一口ずつつまめる「にぎりずし」が考え出されました。鮮度がよくて安い魚がにぎりずしに適していました。江戸湾でとれる魚（代表はアジ）を使っての「江戸前」です。

5．世界一の美しい町

　　　　○フェリスの『東洋書簡集』には，「ヨーロッパのどの都市よりも，東洋のどの町よりも江戸の町は美しい」と書かれ，ドン＝ロドリゴ＝ビベーロの『東方見聞録』には，「江戸の町は，スペインの町よりまさり，家の内部もはるかに美しい」と書かれています。

　　江戸の町は世界一美しかったのです。どうしてでしょうか。

　　　　○江戸の市民が，朝起きて，まず自分の家の前を掃除して，うち水をするということを自発的に行っていたからだと言われています。
　　　　　ただ，それだけではなかったようです。

6．埋めたて地

> 世界一の大都市江戸のゴミは、どこに行ったのでしょう。

・当時は、ゴミの少ない時代だった。
・燃やしたのかも。　・海が近いので、捨てた。
○家康は、ゴミをただ海に捨てるのではなく、埋め立て地にしたのです。「江戸」というのは、ほとんどが埋め立て地だったのです。
・これならただで土地をあげられる。

7．曲がった道路

> 江戸湾埋め立ての他に家康ががんばったことがあります。江戸城の築城です。ここでも賢い家康の考えが生かされています。ですが、今となっては、「何てことをしてくれたの家康さん」となってしまっているのです。それは、道路なのですが、どういう道路にしたと思いますか？

・狭い道路　・複雑な道路　・曲がった道路
○江戸の道路を曲げて、曲線道路にしたのです。江戸城の形式を「さざえ城」といいますが、町のつくりも城を中心にして曲線道路をらせん形にのばしながら外へと広げていったのです。

> 何のために曲線道路を作ったのでしょうか。

・まっすぐな道路を作れない地形だった。
○そんなことはありません。ちなみに、作ったのは家康ですが、作らせたのは信長でしょうか。
・鉄砲だ。
・鉄砲の弾がまっすぐとぶから、道路が曲がっているとあたらない。
・攻められたときのことを考えてだ。
・道路で城を守っている。
・それでも、今となっては迷惑な話だ。迷路みたいだ。
○後から遅れて城を作ったので、鉄砲を意識した城下町を作ることができたと考えると、江戸城築城の陰の功労者は？
・家康を江戸に追いやった秀吉！

8．まっすぐな道路

> そんなかしこい家康ですが、1本だけ江戸城に突き当たるような直線の道路をつくりました。甲州街道です。これは、どうしてでしょう。

・そこからは、攻められないようになっていた。
・山道で通りにくい道路だった。

五街道の図等を提示

	・すぐ逃げられるように。
	○江戸城から将軍が逃げるときの道路です。半蔵門に住んでいる伊賀の忍者が将軍を守って，甲府城へ逃げる仕組みになっていました。
9．佃村での出来事	
	○1582年，本能寺の変が起きました。そのとき，家康は，少数の家来とともに堺に遊びに行っていました。明智光秀は，すぐに家康のもとへ殺し屋を送りました。また，敗軍の将は，農民にもねらわれます。
	家康は，急いで三河へ向かいました。途中，摂津佃村の漁師に弁当をつくってもらい，服部半蔵の手引きでかろうじて三河へ帰ることができました。

その後，家康は，佃村の漁師にどういうことをしたでしょうか。

・感謝してお金をあげた。
・終わったことなので，知らん顔をした。
・武士にとりたてた。

○摂津佃村の漁師を江戸へよび，現在の佃島に住まわせました。そして，隅田川の近海漁業権を与えました。佃島の漁師は，将軍に差し出した残りの魚を，小田原町に魚河岸を開いて売り始めました。活気のある取引が行われました。
　この魚河岸は，徳川300年間，無税でした。たくさんとれたり，売れ残ったりした魚を，ぐつぐつ煮てから売ったものが「佃煮」なのです。
　服部半蔵には，公儀の隠密として半蔵門に住まいを与えました。

・後々のことを考えて計画しているところがすごい。
・恩を感じてしっかりお返しをするなんてすごい。

10．江戸での一揆

こうした家康がつくった江戸幕府です。江戸時代にあった2809件の一揆のうち，江戸でおこった一揆は何件くらいだったでしょう。

・少なかった。　・100件くらい。
○江戸では一揆が起こらなかったのです。明治維新の際も，幕府を倒す運動に江戸っ子は参加しませんでした。多くの市民から慕われていた幕府の基礎をつくったのが家康です。
・家康は，すごい人だ。

26 江戸時代の交通事故

車がないのに，どういうこと？　　6年単元：江戸時代　　所要時間25分

【ネタ　常識をくつがえす】

> 人より馬の宿泊料金の方が高かった。
> 江戸時代にも交通事故があった。

有田先生の意表を突くネタです。子どもが驚き「はてな？」が生まれます。

（『社会科授業に使える面白クイズ』，『子どもを歴史好きにする面白小話集下巻』
いずれも，明治図書）

【授業のポイント】

馬のほうが大きいから当然ともいえそうです。人と動物のお泊りという点から，現在のペット同伴ホテルとの料金を比べさせるのも面白いかもしれません。

【指導案】　所要時間：25分間

学習活動	主な発問（○）予想される児童の反応（・）	指導上の留意点
1．江戸時代の庶民の宿場	○江戸時代に参勤交代などで大名が泊まる施設を「本陣」といいました。また，この補助的な施設として「脇本陣」があると学習しました。	
	庶民の宿泊施設には，「旅籠」と「木賃宿」というものがありました。この2つの違いは何でしょう。	
	・料金が違う。　・安いほうと高いほう。 ・食事が出るほうと出ないほう。 ○現在のホテルや旅館にもつながっています。最低ランクの旅籠が木賃宿です。 ・食事が出ない。　・泊まるだけ。　・食事は自分でつくる。	

○旅人が食料を持ち込んで木賃（薪代のこと）を支払って自炊するのです。宿場のはずれなどにありました。旅籠では夕食と朝食を出し，昼食のお弁当を出すところもありました。つくりとしては，旅籠は2階建てが基本で，木賃宿は平屋建てでした。

2．馬の宿泊料金

　　1611年にきまった旅籠における料金は，人間が3文のとき，馬一頭は，どのくらいだったでしょう。

・場所があればいいんじゃないかな。
・1文くらい。
○馬一頭あたり6文でした。人間の2倍くらいだったのです。
　その後，人は6文，馬は10文。幕末には，人700文，馬は2倍の1貫400文と値上がりしました。
・どうして馬のほうが高いの？
・エサをいっぱい食べるからかな。

　旅籠とは，もともと馬のエサである「かいば」を入れる籠のことです。
　馬を利用する旅では，かいばを用意しなければなりません。自分の食料くらいは持って行くこともできますが，大量のかいばをもっていくことは不可能です（馬は1日に，かいばを12〜15kgほど食べ，水を20〜40リットルも飲みます）。
　宿泊する宿がかいばを用意して旅人を待ったのです。かいばの入った籠を軒先にぶらさげてすぐにわかるようにしていました。これから，「旅籠」といわれるようになったのです。
　馬を連れて宿に泊まるというよりは，馬のエサを求めて，ついでに人間も泊まるというほうが正しいようです。何しろ，馬1頭25両（165万円）もしたのですから。

3．江戸時代に交通事故

　　ところで，江戸時代に交通事故はあったでしょうか。

・馬で旅する人がいたんだから，馬との事故はあったと思う。
・車がないから，当然ない。
・この当時は，車はなかったけど，今の車みたいなものがあった。
・馬・牛・人力車　　・信号機がないからぶつかりやすい。
○道路交通法がありました。ということは？
・交通事故はあった。　・というよりも，多かった。

当時の道路交通法です。□に何が入ると思いますか？
□□なしに牛馬を引いてはいけない。 【監督】
□頭以上を続けて引くときは役所に届け出ること。 【２】
牛を休ませるときは，通行のじゃまになる□□に止めてはいけない。 【小道】

　はじめのうちは処罰をしませんでしたが，吉宗将軍の頃になると，たとえ過失であっても人を死なせた場合は流罪になりました。事故を起こした車の荷主に罰金が科せられました。
　その後，道路交通法が改正され，被害者が死んだ場合には理由によっては，死刑になる場合もありました。殺人に対する死刑は首を切ることですが，交通事故を起こしての死刑は，首を切られた後，胴は試し切りの材料となり，全財産取り上げられるという厳しい刑罰でした。
・それだけ交通事故が多かったということですね。

4．交通事故の実態

大八車や牛車などの事故でした。大八車は，図のようなものでしたが，なぜ，これにひかれてしまうのでしょうか。

・道が狭かった。
・スピードを出しやすかった。
・出そうにないよ。　・坂道だ。
・下るときに，止められなくなった。
・荷物が重かったら，止められなくなる。

大八車の絵提示

A　　　　　　　　　　　　　　B

○牛車のほうは下り坂でも大丈夫のようですが。
・牛だから暴れたりするんじゃないだろうか。
・そうしたら手がつけられなくなってしまう。

牛車の絵提示

＋ネタ　★「火消し役の仕事」

　江戸時代以前，火事になったら水をかけて消すということはありませんでした。風下の家を壊していく破壊消防で，火を消すのではなく，家を壊すことで延焼を食い止めました。それで，大きな火事になると，ほとんど手が出せず，燃えるにまかせるしかなかったのです。

　江戸時代になって，幕府により2組の火消し役がつくられました。しかし，その仕事は，火災予防で，江戸城を中心とした武士が住んでいるところや，神社や寺院の土地に火事が起こるのを防ぐのが目的でした。火事を消すのが目的ではありませんでした（そもそも消そうと思っても，江戸は慢性的な水不足でした）。

（『教科書面白ゼミナール5』旺文社）

＋ネタ　★「下らないもの」

　家康が江戸に入った1590年には，江戸の人口は2,000人でした。それが，1657年には80万人（このとき世界一），1788年には162万,500人という大都市にふくれあがっていました。

　食料を中心とした生活必需品の不足が深刻になってきました。

　そこで，生活に必要なものを，おもに上方（京都・大坂）から運んだのです。この品物を「下りもの」といいました。

　江戸周辺でつくられたものは，上方から下ってこないので，「下らないもの」といいました。

　「下りもの」に比べて，質があまりよくなかったので，つまらないもの，質の良くないもの，不用なもの，などを「下らないもの」とよぶようになったのです。

（『教科書面白ゼミナール4』旺文社）

＋ネタ　★「松尾芭蕉は忍者？」

　芭蕉が書いた「奥の細道」を調べると，1日12里（48km）も歩いています。これは，相当なスピードで歩かなければなりません。これを毎日続けているのです。

　芭蕉は，旅行記をたくさん書いていますが，行っているのはほとんど外様大名の国で，親藩や譜代の領地にはあまりいっていません。

　これらから，松尾芭蕉は忍者だったのではないかと思われています。本当のところは，どうなのでしょうか。

（『教科書面白ゼミナール4』旺文社）

| 農民からの年貢米 | 6年単元：鎌倉＆江戸＆明治時代 | 所要時間45分 |

その税はどこへ行く

【ネタ　意外な視点からのネタ】

> 鎌倉時代，土地の半分は天皇のものだった。
> 江戸時代の農民は，年貢をどこに納めたのか。
> 明治政府のスタートでキーとなる改革は廃藩置県だった。

　教科書では，はっきり表記されていません。

　頼朝（鎌倉幕府）の武士の社会，ご恩と奉公は国内全体のことではありませんでした。

　江戸幕府は，全国の大名を従えてはいましたが，実はそれぞれが独立国・独立採算制でした！　それが故に外国からの侵略を免れてきたのです。

　明治政府の改革で，藩をなくすこと，藩主との主従関係を断つことがもっとも難しかったことは，考えてみれば，それを築くための長い武士社会であったこと，それとの真逆の行為だったのです。

　様々，考えさせられるネタです。

（『社会科クイズ面白事典下巻』明治図書）

【授業のポイント】

　権力の所在は，年貢（税）の行きつく先にあります。

　ここを曖昧にしていると時代を捉えることがうまくできません。

　こうした視点から歴史の出来事を捉え直し，「中央集権国家」に続けていきます。

【参考】日本の税の記録は邪馬台国の卑弥呼から

　日本の税に関する最初の記述は，3世紀頃の魏志倭人伝にあります。卑弥呼が支配する邪馬台国で税が納められていたというのです。千葉県HPの「税の学習」より

〈わかりやすい説明が豊富です。〉

【板書】

鎌倉幕府
1192年　源頼朝　征夷大将軍

ご恩：幕府は、武士に領地を与え、その所有を認める。
奉公：武士は、戦いが起これば「いざ鎌倉」とかけつけて、幕府のために戦う。

地方の農村
守護・地頭

天皇
奈良時代からの律令制の役人　国司による支配

江戸
幕府の領地の
天領　800万石
旗本領地を除くと

A藩　農民からの年貢
B藩　農民からの年貢

幕府外は
それぞれが

【指導案】　所要時間：45分間

学習活動	主な発問（○）予想される児童の反応（・）	指導上の留意点
1．将軍と武士の関わりのスタート		
	○貴族から武士の世へ。頼朝が武士の頭として朝廷から征夷大将軍に任じられ、鎌倉に幕府を開きました。	
「一所懸命」とは、どういうことでしょうか。		
	・がんばるということ。 ・1つのところ（土地）に命を懸けるということ。 ・武士が自分の領地を守るために命をかけて戦うこと。 ・自分の土地のために生きるのが武士だなあ。	
「ご恩」と「奉公」とは。		
	・「ご恩」：幕府は、武士に領地を与え、その所有を認めました。	ことばの定義などは教科書・国

・「奉公」：武士は，戦いが起これば「いざ鎌倉」とかけつけて，幕府のために戦った。
・このような関係を「ご恩と奉公」といった。

語辞典・資料集などを使ってしっかり行わせる。

2．鎌倉幕府の勢力範囲

鎌倉時代，武士が日本をおさえるようになったとき，日本の土地は全部武士のものだったのでしょうか。

・幕府が全国をおさえていたから，当然，土地は全部幕府のもの。
・それでは，貴族や天皇はどこからお金が入るの？
・平安時代の優雅な生活はできなくなってしまう。それでよかったのかなあ。
・全部は手放さないはず。

　鎌倉時代の武士は，いつもは農村に住み，家来や農民と農業をしていました。「いざ鎌倉」のときだけ武士として戦っていたのです。武士の中には，貴族や寺院の土地をとるものが多くいました。
　地方の農村は，鎌倉幕府による守護・地頭の支配があったのですが，奈良時代に天皇によって任命された律令制の役人である国司による支配もちゃんと残っていたのです。武士支配と律令支配

が併存している世界だったのです。完全な武士支配にはなっていなかったのです。

完全な武士支配にはなっていなかったことは，何でわかりますか。
・承久の乱で朝廷が幕府を倒せと命令した。 ・幕府と戦うだけの力があったということ。 ・税が幕府に支払われるだけではなかった。

それでは，完全に日本をまとめたのは，誰でしょう。
・豊臣秀吉。 ・やっぱり，徳川家康かな。 ・将軍の上には天皇がいたから。 ・日本をまとめるのとは少し違う。

3．江戸時代，農民の税はどこに

江戸時代の農民は，年貢をどこに納めたのでしょうか。 　①幕府　　②天皇　　③自分のいる藩
・徳川幕府 ・朝廷ではなさそう。 ・自分のいる藩かな。

当然，年貢はすべて，その農民のいる藩に納められました。
300もある各藩は，それぞれが独立国のようでした。

幕府は，どこからお金を集めたのでしょう。
・幕府の領地の農民からの税 〇江戸幕府の領地「天領」の約800万石からの年貢です。これには，旗本の領地も含まれているので，純粋な天領は400万石ほどでした。鉱山や商業地・港湾からの収入はあるものの，この400万石で幕府という政府はまかなわれていたのです。江戸期，全国の石高は約3000万石でした。 ・各藩がもうけて幕府を倒すことは，心配しなかったのですか。 ・各藩からも税金をとればいい。 ・でも，ご恩と奉公には，なっているみたい。 ・だから，大名行列をさせてお金を使わせたのか。

4．江戸時代の各藩は独立国だった

　江戸時代までは，幕府と各藩が互いに競いながら存在していた幕藩体制でした。江戸時代の各藩がそれぞれ独立国のようであったことを示す記録がありま

> す。

> > ○ペリーが1853年と1854年にやってきて、日本も開国するわけですが、その場合でも、藩が単位になって外国とつながりをもちました。薩摩藩がイギリスとつながったように、幕府経由ではなく直接ヨーロッパの国とつながりました。
> > 　1867年のパリ万国博覧会には、日本政府とは別に、薩摩藩が「薩摩館」をつくり、「丸に十の字」の薩摩の国旗をかかげたそうです。
> > ・まるで独立国だ。
> > ・そこまでやられて幕府は文句を言わなかったのだろうか。
> > ・家光の「……これが不満なら戦いをしかけるがよい。お相手をいたそう」が懐かしい。

> 「あなたのお国は？」とたずねることばが残っています。
> このときの「お国」とは？

> > ・日本とは言わない。
> > ・鹿児島とか。　　○薩摩ですね。
> > ・高知ですとか。　○土佐ですね。
> > ・藩のことか。
> > ○日本人の意識の中には、今でも強く藩が残っているのですね。

5．中央集権へ

> 　明治政府が天皇中心の中央集権国家をつくるために行ったキーとなる改革は、何だと思いますか。

> > ・富国強兵　　・版籍奉還
> > ・殖産興業　　・地租改正
> > ・廃藩置県　　・徴兵令

> 　中央政府の役人を県令（知事）に任命し、藩主から領地を取り上げることでした。つまりは、税収を国にまとめることです。これが、すべてにつながっていきます。

> > ・廃藩置県だ。
> > ○それほど「主従の関係」「税収」の改革は大きいのです。

28 明治政府のいじわる？

6年単元：明治時代　　所要時間30分

県名と県庁所在地名が違うのは

―【ネタ　県名と県庁所在地名】―

> 県名と県庁所在地名が違うところがあるのはなぜですか？

　47都道府県の中に，県名と県庁所在地名が同一のものと，違うものがあります。それをわかっていても，どうしてなのかと不思議に思う人は少ないです。また，面倒なことを覚えなくてはならないと頭を抱える子どもがいます。
　これにははっきりとした理由があるのです。

> 明治政府に対して，忠勤藩と朝敵藩がはっきりわかるようにした。

　こんな見方を指導すると，いっぺんで県名と県庁所在地名を覚えられます。

【授業のポイント】

　県名・県庁所在地名が明治維新とのつながりで考えられるとは，教えてもらわなければわからないことかと思います。
　歴史と地名がつながり，理解が図られます。単発的な暗記で学ぶ嫌な社会科でなくなります。
　次の2つと比較し関連づけることができれば，さらに面白くなります。
①関ヶ原の戦い時の全国東西両軍配置図
　このときの敗者（島津・毛利・長宗我部）が明治維新の中心となる薩摩・長州・土佐藩になります。
②江戸幕府の親藩・譜代・外様の配置図
　どこが朝敵藩となり，どこが忠勤藩となったのでしょうか。

県名・県庁所在地名

同じところ　どうして？　ちがうところ

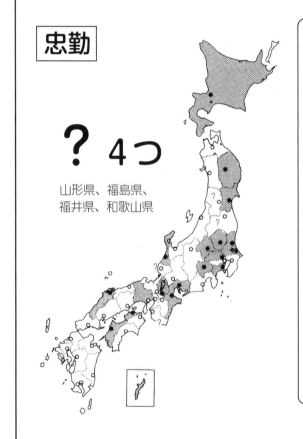

忠勤

? 4つ
山形県、福島県、
福井県、和歌山県

朝敵

岩手県・盛岡
宮城県・仙台
群馬県・前橋
栃木県・宇都宮
茨城県・水戸
埼玉県・さいたま
神奈川県・横浜
山梨県・甲府
愛知県・名古屋
石川県・金沢
三重県・津
滋賀県・大津
兵庫県・神戸
島根県・松江
香川県・高松
愛媛県・松山

北海道・札幌
沖縄県・那覇

(『授業のネタ社会3　高学年』日本書籍)

【指導案】　所要時間：30分間

学習活動	主な発問（○）予想される児童の反応（・）	指導上の留意点
1．地図に記入する	○地図帳で調べて，日本地図に県名と県庁所在地名を書きましょう。	白地図を渡す。できるだけ大きい白地図に。
	県名と県庁所在地名が違う県に「緑色」をぬりましょう。	
	・埼玉県とさいたま市は，どうしますか？ ○緑色にぬってください。	県名と県庁所在地名の異なる県をクローズアップさせる。
2．記入した地図をもとに		
	自分の書いた地図を見て，気づいたことはありませんか？	
	・九州は，色をぬってない。 ・県名と県庁所在地名が同じだ。 ・違う県が少ない。 ・違う県は18県ある。 ・色をぬったのは東京の周りに多い。 ・どうして全部同じにしないのだろう。 ・そのほうがわかりやすい。	
3．4つの県		
	次の4つの県に，赤で「？」を書きましょう。 山形県，福島県，福井県，和歌山県。	
		ここでは，あえて説明を加えない。
4．明治政府の策略		
	緑色をぬった県は18ありました。この中から，北海道と沖縄を除いた16県は，あることをした県です。さて，何をしたのでしょうか。	
	・県の名前は誰が決めるのですか？ ・県民が決めるのかな。 ・国じゃないかな。 ・最初に県名と県庁所在地名を決めたときからですか？	

・県の名前を最初に決めたのは，廃藩置県のときだから。
・明治のはじめだ。
・「？」を書いた県は何ですか？

> 福島県，山形県は，本当は緑色だったのでしょう。逆に，和歌山県は，本来は緑色でなければならなかったのです。福井県は，後からできた県です。

・明治維新の後だ。
・明治政府に反対した藩が緑色だ。
・反対した県だということを残すためだ。
・そんなことをして何かいいことがあるのかな。
・予算とか分けるとき，いじわるするためじゃないの。
・そんなことで，県庁所在地名が決まったのは，何か悲しいなあ。

> 緑色をぬった16県は，明治維新のとき，明治政府に反対した藩です。明治政府に反対した藩は，廃藩置県のとき，はっきりわかるように，県名と県庁所在地名を同じにさせなかったのです。

朝敵福島県は，当時の城下町会津若松に，山形県は米沢に県庁をおかせず，当時田舎であった福島と山形におかれました。そのかわり県名と一致させました。

福井県は明治14年に設置されたので，明治4年の廃藩置県時にはありませんでした。和歌山は，御三家でありながら，早くから新政府に「反意なきこと」を伝えていたから忠勤藩に入れられていました。

埼玉県は，もともとの県庁所在地名は浦和市でした。2001年に浦和市と大宮市と与野市が合併して，さいたま市となり，県庁所在地はさいたま市になりました。

【補足：沼澤】東京都は「東京都庁の位置を定める条例」により，都庁を東京都新宿区西新宿二丁目と定めています。「東京都の県庁所在地は『東京』である」というのはおかしな話なのですが，学校などで使っている地図上の表記が，「東京」となっているためだと考えられます。このため，東京都を18県の中に加えていません。

なお，「県名と県庁所在地名が違う県は懲罰を受けた結果」という説には，異論もあることをつけ加えさせていただきます。

29 「豆もやし」を知っていたら……　6年単元：明治時代　所要時間25分

日露戦争の勝者は野菜が決めた？

【ネタ　ビタミンC不足のロシア軍】

　大豆があったのに，もやしをつくる文化のなかったロシア軍は，ビタミンC不足で壊血病に。

　戦争の陰で大きく影響していたのは，当時まだ知られていなかったビタミンの存在があったのです。

（『社会科クイズ面白事典　下巻』明治図書）

【授業のポイント】

　戦争では，敵軍との戦いによる死傷者数と，直接戦いに関わらない病死者数は，少なくとも同等程度，後者の方が数倍になることもふつうといわれます。戦争は敵との戦いだけでなく，あるいはそれ以上に，病気との戦いであったのです。

【指導案】　所要時間：25分間

学習活動	主な発問（○）予想される児童の反応（・）	指導上の留意点
1．旅順の要塞	○1904年，日露戦争が起こりました。日露戦争の大きな戦いは，乃木将軍の旅順攻撃と，東郷元帥の日本海海戦です。 　日本軍は旅順攻撃に入ってから5か月半，約半年間，総攻撃を3回入れて戦い続けました。日本軍の損害は5万9400人（うち戦死者1万5000人）に及びました。それでも旅順はおちませんでした。 　ロシアの方には2万2000人もの兵が要塞にいました。 　日本軍あやうしといわれた1905年1月1日，突然ロシア軍が降伏を申し込んできました。これで，日本は助かりました。	
	「○○がなくなって，戦えなくなったから」というのだそうです。 　さて，○○とは何でしょうか。	

・武器を使い切ってなくなったから。　　　　　戦う場面として
・食べ物がなくなったからだ。　　　　　　　　でない戦争の一
・水だと思う。　　　　　　　　　　　　　　　面について考え
・疲れたからだと思う。　　　　　　　　　　　させる。
・日本の兵隊が強かったから，戦う気持ちがなくなったから。
○攻撃戦の後半は，秋から冬に入っていました。
・寒かったんじゃないの。
・雪かな。
○旅順の要塞一帯は岩が多いはげ山で，草木がありませんでした。
・食べ物だ。
○食べ物ですが，どういうもの？
・おなかがいっぱいになるもの。
・野菜？

2．ビタミンCの不足

| 兵士たちは，野菜を食べることができなかったのです。 |

・野菜が食べられなくて降伏？
・野菜はビタミンCが入っているって。

○ビタミンCの欠乏のため，2万2000人の兵隊の2/3が壊血病を発病し，歯ぐきから出血し，歯が抜け，足の関節は痛み，身動きのできない状態だったのです。これでは，とても戦えないと考えたロシアの大将は，兵を守るために降伏したのです。

| さて，変だなと思うことはありませんか。 |

・野菜って，そんなにすごいのか。
・日本軍は，たくさん野菜を持って行ったんだ。
・半年先の野菜までもって行ったの？
・それはできない。
・どうして，日本軍には野菜があったのですか？

| 日本軍は，野菜をつくる方法を知っていたのです。 |
| さて，その野菜とは？ |

・今もありますか。
○スーパーに行けば，いつでもあります。
・1年中？
○はい。安くておいしいので，先生は大好きです。

・キャベツってことはないかあ。
・すぐつくれるものでしょう。
・二十日大根かな。
〇もっと早くつくれます。
・もやしだ！

　日本軍が，降伏したロシアの要塞の中に入って，軍事施設を見ていると，大豆がいっぱいつまった倉庫が2棟もあったのだそうです。この大豆で「豆もやし」をつくる文化がロシアにはなかったのです。もし知っていればビタミンCを摂取することができ，ロシア軍は降伏しなかったかもしれません。

3．正露丸

| 日露戦争には，これが活躍しました。 |

・見たことがある。
・ラッパのマークの正露丸！

正露丸のテレビCMを流す。

| 日本の陸軍がつくった薬です。漢字で書ける人はいますか？ |

・「正」と「ろ」……「ろ」って？
・がんは「丸」だよ。
〇昔は，少し字が違っていました。「正」は，もともと征服の「征」だったのです。「露」は露西亜，ロシアのこと。「丸」とは，ねりあわせて小さくまるめた薬のことです。

| 「ロシアを征服する薬」という意味です。 |

（注：第二次大戦後，大幸薬品などは「正露丸」と改めましたが，日本医薬品製造だけは「征露丸」の名前で販売を続けています）
ラッパのマークは文字通り「進軍ラッパ」ですね。日清戦争で不衛生な水で伝染病に悩まされた当時の陸軍は，日露戦争にいく将兵に大量に征露丸を配布したのです。その結果，下痢や腹痛を起こさなくなりました。

【参考】大幸薬品のHPには「CMソング」や「ラッパのマーク100年の歴史」など豊富な資料を見つけることができます。1902年の初代は「征」が使われ，1949年の二代から「正」に変わったことがわかります。

天気予報と「POST」から見えてくること　　6年単元：明治～昭和時代　　所要時間15分

第二次大戦中のふしぎ話

―【ネタ　消えたもの・残ったもの名】―

戦争一色なってくると天気予報は軍事機密として一般の人々の前から消えました。さらには，敵性語として英語・カタカナが消えました。しかし，「POST」の表記だけは，コンクリートや磁器の代用品が作られたときでさえも消えずに残りました。

(『社会科クイズ面白事典』上巻，下巻　明治図書)

【授業のポイント】

いつも目にする天気予報，郵便ポストを別の視点から捉えさせます。

【指導案】　所要時間：15分間

学習活動	主な発問（○）予想される児童の反応（・）	指導上の留意点
1. 日本最初の天気予報		
日本で最初の天気予報は， 　①1868年（明治元年）　②1884年（明治17年）　③1926年（昭和元年）		
	・①だ。明治は新しいスタートだから。 　日本で初めて天気予報が発表されたのは1884年6月1日でした。当時の予報内容は1日3回，各県ごとではなく日本全国を一文で表したものでした。	
テレビ，ラジオのない1884年頃，東京ではどうやってみんなに天気予報を知らせたのでしょうか。 　①市役所　②郵便局　③交番や駅　④新聞		
	・①，やっぱり役所。 ・新聞じゃないかな。 ○東京市内の交番に掲示されました。今では考えられないことです。	

2．戦争によって消えた天気予報

○1888年12月8日から天気予報が新聞にのりはじめました。

1941年12月9日から1945年8月22日まで3年8ヶ月，天気予報が新聞・ラジオから消えました。さて，どうしてでしょう。

・何かがあったから。
・1941年は太平洋戦争が始まった年だ。
・1945年は戦争が終わった年だ。
・戦争に関係がある。
・敵に天気が知れ渡ると攻撃されたりするから。
○軍隊は，「天気予報はぜいたくだ」と国民には言い，ぜいたくは敵だから知らせないと言いました。

・天気予報の仕事はなくなったのですか。

・それで誰も困らなかったのかな。
・軍隊には必要なんじゃないのかな。
○天気予報は軍事機密として扱われるようになりました。公表しなくなってからは，それまで以上に天気予報を行いました。遠くの戦場の天気の様子をつかむために天気予報を暗号にしていたといいます。日本軍の戦争行動が失敗しないように軍隊のすべてに天気予報を送ったのです。これは，現代の戦争でもまったく同じことです。

3．POSTの不思議

戦争中に使われることが控えられた英語やカタカナですが，あるものは，しっかり，そのままの英語で残っていたのです。どうしてなのか不思議でなりません。何でしょう。

・今でもありますか。
○見ているはずです。
・決まったところにありますか。
○いろんなところにあります。アルファベット4文字です。いつも見ていますよ。明治5年に制定されたころには「郵便函」と表示していました。
・ポストだ。「POST」
○明治21年の改正によって「郵便」と「POST」という文字が表示されました。昭和12年，鉄不足からコンクリートや磁器の代用ポストが作られたときにも「POST」の表示はそのままでした。

	第二次世界大戦中，外国語を使うことが禁止されたときでさえ，「POST」の表示は消えませんでした。それも，英語の「POST」であって，カタカナの「ポスト」と書かれたことは一度もありません。
	【注】昭和4年設置の航空郵便専用ポスト，昭和34年に大都市に設置された速達専用ポストだけは例外で「POST」表示はありません。
	・変だなあ。 ・それだけなくてはならないあたり前のことばになっていたんだ。

【参照】『気象なんでも百科』(岩波ジュニア新書)
　　　　山口修『郵政の歩み111年』(ぎょうせい)
　　　　「日本最初のポストから現在のポストまで」郵政博物館HP

＋ネタ　★「外国郵便の収入はどこの国のもの？」

日本から外国へ手紙を出すときは，日本の切手をはって出します。
アメリカから日本へ手紙を出すときは，アメリカの切手をはります。
手紙を出すときは，出す国の切手をはって出します。このときの「郵便料金」は？

① 出した国，配達した国，その2つの国で仲良く分ける。
② 出した国，配達した国，その運んだ距離の比率で分ける。
③ 出した国の収入になる。

答えは③です。出した国の収入になります。明治10年，日本は「万国郵便連合」(UPU)に加入しました。郵便事業の国際組織で，世界中どこでも国内と同じように郵便を自由に出したり，受けとったりできるようになっています。途中に何カ国も経由した場合も，加盟国は自分の国の郵便物と同じように，あて先の国に届けることになっています。

＋ネタ　★「郵便主権の回復」

明治4(1871)年4月20日に，日本の新しい郵便制度が生まれました。この頃は，外国へ手紙を出すときは，開港場にある「外国の郵便局」に行って，その国の切手をはって送ってもらったのです。独立国でありながら，通信主権の一部を失っていたのです。

日本政府は，アメリカのブライアンを月給450円でやとい（駅逓頭の前島密の月給が300円でした），ブライアンのアメリカ政府との交渉で，対等な条件であった「日米郵便条約」を結びました。アメリカの郵便局は明治7年末に日本から退却しました。明治10年のUPU加入を機会に，明治12年イギリス，明治13年フランスも退却しました。こうして郵政主権の回復がはかられました。

あとがき

　多くの先生方が追い求めた有田和正先生の授業，そのすばらしい実践を次の世代を担う先生方にお伝えすることの意義は，私ばかりではなくこれまで有田実践から学んでこられた先生方の共通の願いであると思います。

　大学勤務になり，小学校教員を目指す学生に，模擬授業を行い，音声・映像で授業の仕方，指導書を活用しての指導案の書き方を学ばせてきました。４年目の昨年度，私の手元にある限りの授業に関する本を学生に渡し，じっくり読む時間を講義の中に設定しました。
　学生の食いつきが違いました。
　そこには，教科書をもとにした授業ではない，ある面，自由な世界，「授業のネタ」の不思議な面白さに取り付かれるようにして読む，世代を超えた学生の姿がありました。
　学生への最終課題は，それらの実践をもとにした指導案の提出でした。
　私の課題は，有田実践の再確認であり，この事実を誰かに伝えなければならないという使命でした。ことの様子を樋口雅子氏にお伝えしました。
　本書のスタートは，講義の中の学生の姿です。
　そして，有田先生の実践をもとに，有田実践を誰よりも先に認め，世に広めた樋口雅子氏の編集で本にまとめるという光栄に預かることになりました。学生に感謝しなければなりません。
　私にこうした機会を与えてくれた４年生の皆さん，また，急なお願いにも関わらず，たくさんのイラストを描いて下さった角田萌さん（仙台白百合女子大学４年生）ありがとうございました。
　多くの先生方のためにと有田先生のご著書からの引用をご快諾下さいました有田育子様，ありがとうございました。
　本書は，学芸みらい社の樋口雅子氏のご丁寧な原稿の確認，そして，温かい励ましのお言葉をいただきながらまとめることができました。厚くお礼を申し上げます。ありがとうございました。

　2017年６月10日　　　　　　　　　　　　　　　　　　沼澤　清一

著者略歴

沼澤　清一（ぬまざわ　せいいち）

昭和35年4月12日東京都生まれ。山形大学大学院教育学研究科修了。
東根市立第一中学校、新庄市立泉田小学校、東根市立東根小学校、東根市立東郷小学校、尾花沢市立寺内小学校、立命館小学校（平成21年度より立命館大学非常勤講師兼任）を経て、平成25年度より仙台白百合女子大学准教授。

［主著］『5年生を追究する子に育てる』（明治図書）
　　　　『子どもの笑顔で結ぶ保護者との連携』（明治図書）
［編著］『確かな学力を育てる算数2年ワーク』編著（明治図書）
　　　　『新国語科・言語技能を磨くワーク　上・下巻』編著（明治図書）
［共著］『学力を高める楽しい学級の指導実践選書』全16巻（福教社）第6巻
　　　　『今こそ社会科の学力をつける授業を』（有田和正著、教材・授業開発研究所編集）（さくら社）

有田式"発問・板書"が身につく！
社会科指導案の書き方入門

2017年9月1日　初版発行

編著者　沼澤清一
発行者　小島直人

発行所　株式会社 学芸みらい社
〒162-0833 東京都新宿区箪笥町31 箪笥町SKビル
電話番号 03-5227-1266
http://www.gakugeimirai.jp/
E-mail : info@gakugeimirai.jp
印刷所・製本所　藤原印刷株式会社
ブックデザイン　小沼孝至

落丁・乱丁本は弊社宛お送りください。送料弊社負担でお取り替えいたします。

©Seiichi Numazawa 2017　Printed in Japan
ISBN978-4-908637-51-3 C3037